# C.H.BECK ■ WISSEN

in der Beck'schen Reihe

akg⁄Photo

Berlin | London | Paris

Die Geschichte liebt es bisweilen,
sich auf einmal in einem Menschen zu verdichten,
welchem hierauf die Welt gehorcht.

Jacob Burckhardt, *Weltgeschichtliche Betrachtungen*

Wer sind diese großen Menschen, denen die Welt gehorchte? Was haben sie geleistet? Dieses reich bebilderte Buch bietet in chronologischer Folge einen allgemeinverständlichen, faktenreichen Überblick über 101 Personen der Weltgeschichte, die jeder kennen sollte. Vertreten sind Politiker und Philosophen, Erfinder und Entdecker, Künstler und Musiker, «Bösewichter» und Heilige. Natürlich wird nicht jeder der Auswahl voll zustimmen, vielleicht sogar die Person vermissen, die ihm die allerwichtigste zu sein scheint. Aber insgesamt stellt diese sorgfältig überprüfte Zusammenstellung einen verläßlichen Kanon dar, der zum Nachschlagen und Schmökern einlädt.

*Udo Sautter* ist Professor am Historischen Seminar der Universität Tübingen. Bei C. H. Beck erschienen von ihm unter anderem ein «Lexikon der amerikanischen Geschichte» (1997), «Das Buch der Jahrestage» (1999) sowie eine «Geschichte Kanadas» (2000).

Udo Sautter

# DIE 101 WICHTIGSTEN PERSONEN DER WELTGESCHICHTE

Verlag C. H. Beck

Der Verlag C. H. Beck dankt dem Archiv für Kunst und Geschichte, Berlin, für die freundliche und kompetente Unterstützung bei der Suche nach geeignetem Bildmaterial und für die Ausstattung dieses Bandes mit 51 Abbildungen im Text sowie 4 Umschlagmotiven.

Originalausgabe

© Verlag C. H. Beck oHG, München 2002
Druck: Appl, Wemding
Bindung: Druckerei C. H. Beck, Nördlingen
Umschlagmotive: *oben links:* Ramses II., Statue im Säulenhof des Amun-Tempels, koloriertes Foto, um 1890;
*oben rechts:* Jeanne d'Arc, Buchillustration, um 1430;
*unten links:* George Washington, Gemälde von Gilbert Stuart;
*unten rechts:* Mahatma Gandhi, Foto, um 1945
© für alle Abbildungen: Archiv für Kunst und Geschichte, Berlin
Umschlagentwurf: Uwe Göbel, München
Printed in Germany
ISBN 3 406 47993 6

*www.beck.de*

# Inhalt

Nur mit einigem Zögern bin ich der Anregung des Verlages gefolgt, die 101 «wichtigsten» Personen der Weltgeschichte auszuwählen und auf jeweils einer Druckseite vorzustellen. Am wenigsten störte dabei der Gedanke, daß ein derartiges Unternehmen innerhalb der Historikerzunft vielleicht nicht ganz ernstgenommen werden könnte. Ich glaube im Gegenteil, daß es nachgerade ein Anliegen des Historikers sein sollte, solides geschichtliches Wissen auch über die engen Grenzen der Profession hinaus in historisch weniger informierte Kreise zu tragen. Ein wohlfeiles Bändchen wie das hier vorgelegte ist sicher nicht das übelste Mittel, einem solchen Zweck zu dienen. Diese Überlegung hat mich schließlich zur Annahme des Auftrags bestimmt.

Die größte Schwierigkeit bereitete dann naturgemäß die Auswahl der zu besprechenden Personen. Was ist «wichtig» in der Geschichte? Selbst wenn man die Fragestellung eingrenzt auf «wichtig für uns zu kennen», bleibt immer noch freie Bahn für jegliche Einschätzung, jede Geschmacksrichtung, jede politische, konfessionelle, ideologische oder sonstige Überzeugung. Ich habe mich dafür entschieden, keine starren inhaltlichen Kriterien zu formulieren, sondern eben historische Gestalten aufzunehmen, die wahrscheinlich von gebildeten Leuten unserer Zeit im deutschen Sprachraum als in einen solchen Kanon gehörend erachtet werden. Es wäre vermutlich allzu kühn zu hoffen, daß die so getroffene Auswahl allenthalben auf ungeteilte Zustimmung stößt. Aber wenn sie auch nur zu Überlegung und Diskussion anregt, so ist sie damit doch auch schon auf dem Weg zur Erfüllung der oben angesprochenen Aufgabe.

Die Absicht dieses Bändchens ist es somit weniger, den Leser zu belehren, als vielmehr, früher Gewußtes in die Erinnerung zurück zu rufen, halb Gewußtes zu ergänzen und im übrigen anzuregen zu weiterer Beschäftigung mit den großen Gestalten der Vergangenheit. Der interessierte Leser mag profitieren von den beigegebenen Literaturangaben, die nach Möglichkeit neuere und nicht nur in Bibliotheken, sondern auch im Buchhandel verfügbare Titel enthalten; bei fremdsprachigen Werken ist der Verlagsort mit angegeben. Die Kurzbiographien der einzelnen Gestalten sind nach dem jeweiligen Todesjahr geordnet.

Zu danken habe ich dem betreuenden Lektor des Verlags C. H. Beck, Herrn Dr. Ulrich Nolte, dessen einfühlsame Hilfsbereitschaft und Toleranz die Zusammenarbeit zum Pläsier werden ließen.

Tübingen, im Januar 2002
*Udo Sautter*

Babylonischer König; regierte 1728 v. Chr. bis 1686 v. Chr.

Der babylonische König Hammurabi (auch: Hammurapi) gilt als eine der bemerkenswertesten Gestalten der historischen Frühzeit, seit man vor über hundert Jahren den Keilschrifttext unter seinem bei Susa in Persien aufgefundenen Relief entzifferte. Dieser enthielt insgesamt 282 Rechtssätze, die ganz offenkundig das Zusammenleben von Hammurabis Untertanen regelten. Die Sensation war groß, erkannte man doch in diesem *Kodex Hammurabi* die erste vor der Bibel zusammengestellte

Gesetzessammlung. Heute wissen wir, daß hier eigentlich nur eine schon ältere sumerische Gesetzestradition festgehalten wurde. Nichtsdestoweniger handelt es sich um die bei weitem umfangreichste, am besten systematisierte Rechtssammlung des Alten Orients. Sie gibt uns Aufschluß über die Weise, wie die königliche Verwaltung mit Diebstahl und Körperverletzung, mit Sklaverei und Schuldenwesen umging, und enthält Bestimmungen für Heirat und Scheidung, über Warenpreise und Handelsverkehr. Umsichtig das Wohl seiner Untertanen im Auge behaltend, sorgte Hammurabi für die Pflege des Bewässerungssystems, baute Stadtmauern und Tempel und brachte das Land zu wirtschaftlicher Blüte. Der Text erschließt uns die Regierungsweise eines Königs, der, auch durch Siege über seine Nachbarn, den bis dahin einflußarmen Norden für mehr als tausend Jahre zum Zentrum historischen Geschehens im Zweistromland machte.

*Literatur:* Hartmut Schmoekel, *Hammurabi von Babylon* (1979). – Herbert Rittmann, *Hammurabi und sein Gesetzbuch* (1982). – Horst Klengel, *König Hammurapi und der Alltag Babylons* (1999).

# Ramses II.

Ägyptischer König; geb. um 1290 v. Chr., gest. um 1224 v. Chr.

Die Herrschaft von Ramses II. währte 66 Jahre und war damit nicht nur die zweitlängste aller Pharaonen, sondern vielleicht auch die erfolgreichste. Schon zu seinen Lebzeiten erfreute er sich größter Popularität. Dabei errang er gar nicht so viele Siege, wie die Tradition später verbreitete. Zwar führte er im vierten Jahr nach Machtantritt seine Truppen erfolgreich durch Palästina und den Libanon bis über das heutige Beirut hinaus. Doch als er im nächsten Jahr die hethitische Stadt Kadesch nördlich von Damaskus erobern wollte, geriet er in einen Hinterhalt, und seine Krieger flohen in Panik. Da er offenbar die Hethiter nicht bezwingen konnte, schloß er mit ihnen 1270 v. Chr. einen Friedensvertrag und vermählte sich 1257 mit der ältesten Tochter ihres Königs. Der Ruhm Ramses II. beruht besonders auf der Prosperität, die seine Herrschaft kennzeichnete. Er vollendete die große Säulenhalle in Karnak (Theben) und errichtete sich selbst in Theben-West als Grablege das Ramesseum, einen der größten Tempel Ägyptens. Berühmt wurden auch die beiden in den Fels gehauenen Tempel von Abu Simbel in Nubien. Über seine Person selbst wissen wir recht wenig. Ausweis seiner großen Majestät war gewiß der aus vielen Frauen bestehende Harem, die ihm mehr als 100 Kinder gebaren. Seine Mumie läßt einen sehr alten Mann mit langem, schmalem Gesicht und starkem Unterkiefer erkennen; sie ruht heute in einem Museum in Kairo.

*Literatur:* Immanuel Velikovsky, *Ramses II. und seine Zeit* (1983). – Hermann Alexander Schlögl, *Ramses II.* (2. Aufl. 1997). – Olivier Tiano, *Ramses II. und seine Zeit* (2000).

# David

Israelitischer König; geb. um 1040 v. Chr., gest. um 962 v. Chr.

Daß David die vielen Psalmen verfaßte, die ihm traditionsgemäß zugeschrieben werden, ist eher unwahrscheinlich. Und daß er wirklich mit der Schleuder den riesenhaften Philister Goliath erlegte, ist auch nicht erwiesen. Als vertrauenswürdiger erscheint die Überlieferung, daß er eine überaus dynamische, seine Umgebung prägende Persönlichkeit war. Ihr zufolge begann er als Waffenträger und Zitherspieler am Hofe Sauls, des ersten Königs von Israel. Als er sich in Kämpfen mit den Philistern auszeichnete, erregte er Sauls Mißgunst und mußte in den Süden Kanaans fliehen. Dort sammelte er eine Schar von Abenteurern um sich und arrangierte sich sogar mit den Philistern. Als diese Saul und drei von dessen Söhnen im Kampf töteten, verhandelte David mit seinem Stamme Juda und wurde um 1003 v. Chr. in Hebron zum König gesalbt. Ein weiterer Sohn Sauls, Isbaal, regierte noch das nördliche Israel. Nach Isbaals Ermordung, an der David nicht beteiligt war, erreichte er seine Krönung auch als König von Israel. Eine neue Residenz sollte die Zusammenfassung der beiden Reiche symbolisieren, und David besetzte mit diesem Ziel den auf der Grenze zwischen Israel und Juda gelegenen kanaanäischen Stadtstaat Jerusalem. In den folgenden Jahren schuf er der biblischen Überlieferung zufolge durch Unterwerfung der Kanaanäer, Philister, Syrer, Moabiter und Edomiter ein sich bis zum Euphrat erstreckendes Großreich. Von Archäologen wird die Existenz des Großreichs und der Ausbau Jerusalems zu einer repräsentativen Residenz heute bezweifelt. Desungeachtet nimmt David in der jüdischen Tradition eine einzigartige Stellung ein. Er wurde zum Prototyp eines zukünftigen Messias, der aus seinem Geschlecht hervorgehen würde.

*Literatur:* Timo Veijola, *Die ewige Dynastie* (1975). – Derselbe, *David* (1990). – Stefan Ark Nitsche, *König David* (1994). – Steven L. McKenzie, *König David* (2001).

# Dareios I. der Große

Persischer König; geb. um 550 v. Chr., gest. um 486 v. Chr.

Dareios gilt als der bedeutendste Herrscher der altorientalischen Geschichte. Er stammte aus einer persischen Nebenlinie, doch 522 v. Chr. erschlug er einen Usurpator und übernahm die Herrschaft. Aufflammende Revolten in vielen Teilen des Reiches vermochte er rasch zu unterdrücken. Um auch seine Grenzen zu sichern, eroberte er das Tal des Indus und zog 519/18 nach Ägypten. 513 überquerte er an der Spitze eines riesigen Heeres den Bosporus auf einer Schiffbrücke und verfolgte die Skythen bis über die Donau. Als Athen und Eretria ab 499 den Ionischen Aufstand in Kleinasien mit Schiffen unterstützten, nahm er dies zum Anlaß für eine Strafexpedition gegen die Griechen. Seine 492 entsandte Flotte zerschellte allerdings im Sturm am Vorgebirge Athos, und ein Angriff zu Lande endete 490 bei Marathon in einer Niederlage gegen die Athener unter Miltiades. Bleibenden Ruhm erwarb sich Dareios jedoch als Administrator. Tolerant gegenüber den vielerlei Religionen in seinem großen Reich, vollendete er die schon unter König Kyros begonnene Reichseinteilung in Satrapien. Der Ausbau eines Straßen- und Kuriernetzes diente dann sowohl der Überwachung der Satrapen als auch der Förderung des Handels, zu welcher gleichfalls die Standardisierung von Münzen, Gewichten und Maßeinheiten beitrug. Seine Bauten in Persepolis und der neuen Residenz Susa gaben der persischen Kunst ihre dauernde Form.

*Literatur:* Peter Julius Junge, *Dareios I.* (1944). – Walther Hinz, *Darius und die Perser* (2 Bde., 1976–79). – Heidemarie Koch, *Es kündet Dareios der König* (2. Aufl. 1996) – Pierre Briant, *Darius* (Paris, 1998).

# Buddha

Religionsstifter; geb. um 560 v. Chr. Kapilavastu,
gest. um 480 v. Chr. bei Kushinagara (heute Kasia)

Siddhartha Gautama, der Begründer des Buddhismus, war adliger Herkunft. Sein Vater herrschte über ein kleines indisches Fürstentum nahe der nepalesischen Grenze; seine Mutter starb kurz nach seiner Geburt. Nach einer wohlbehüteten Jugend vermählte er sich sechzehnjährig mit einer Kusine und lebte mit ihr in fürstlichem Luxus, als er auf einigen Ausritten mit Alter, Krankheit, Tod, aber auch mit heiterer Gelassenheit konfrontiert wurde. Die Sinnlosigkeit seines bisherigen Lebens erkennend, verließ der Neunundzwanzigjährige seine Frau und den neugeborenen Sohn und begab sich auf die Suche nach Erlösung. Das Land durchziehend, lernte er mancherlei religiöse Ideen und asketische Praktiken kennen, doch keine brachte ihm die ersehnte Erleuchtung. Erst nach sechs Jahren, als er fünfunddreißigjährig in Uruvela bei Bodh-Gaya unter einem Feigenbaum meditierte, erkannte er die «vier edlen Wahrheiten» (vom Leiden, seinem Ursprung, der Aufhebung seiner Ursache und dem zu diesem Ziele führenden Weg), durch die der Mensch die Befreiung erlangt. Hierdurch zum Buddha («Erleuchteten») geworden, begab er sich nach Sarnath bei Benares und verkündete dort in einem Hain fünf Asketen, denen er zuvor schon begegnet war, in einer ersten Predigt seine Erkenntnis. Nach ihrer Bekehrung wurden die Fünf zur Keimzelle des bettelnden Mönchsordens, dem der Buddha nach einigem Zögern auch noch einen Nonnenorden zur Seite stellte. Er selbst zog von da an als Wanderlehrer, die Unbeständigkeit aller Dinge predigend, durch Nordindien. Als er achtzigjährig und krank schließlich sein Ende nahen fühlte, legte er sich auf die rechte Seite, um nach Westen zu blicken, und ging so ins Nirvana ein. Seine Lebensgeschichte wurde von der Nachwelt bald durch Legenden und Mythen ausgeschmückt und ins Wundersame erweitert.

*Literatur:* Hans-Joachim Klimkeit, *Der Buddha* (1990). – Hans Wolfgang Schumann, *Der historische Buddha* (4. Aufl. 1995). – Andreas Gruschke, *Das Leben Buddhas* (1999). – Johannes Lehmann, *Buddha* (2001).

# Konfuzius

Chinesischer Philosoph; geb. um 551 v. Chr. Qufu (Provinz Schantung), gest. um 479 v. Chr. Qufu

Der große chinesische Weise K'ung Ch'iu oder auch K'ung-fu-tse, dessen Namen wir heute zumeist in der latinisierten Form kennen, entstammte ärmlichem Kleinadel. Umfassend gebildet, wahrscheinlich vor allem durch eigenes Studium, faßte er früh den Entschluß, die Umformung und Besserung der Menschen und ihrer Gesellschaft auf der Grundlage traditioneller Werte anzustreben. Hierzu engagierte er sich im öffentlichen Dienst, eine Zeitlang auch als Polizeichef seines Heimatstaates Lu. Doch sein Einfluß blieb gering, und so begann er ein langes Wanderleben, in dessen Verlauf er lehrte und Schüler um sich scharte. Er selbst hinterließ keine eigenen Werke, redigierte aber seine in den «Fünf Klassikern» gesammelten Unterweisungen, die zusammen mit anderen Texten die vier Bücher bilden, welche bis heute den Kanon des Konfuzianismus darstellen. Richtige Lebensführung und insbesondere erfolgreiches Regieren erfordert ihm zufolge die Harmonisierung der «fünf Beziehungen», nämlich derjenigen zwischen Fürst und Staatsdiener, Mann und Frau, Vater und Sohn, älterem und jüngerem Bruder, Freund und Freund. Zentral ist die Rolle der Familie, auch als Vorbild für den Staatsverband. Zu seinen Lebzeiten sah Konfuzius seine Philosophie noch nicht allgemein anerkannt, doch setzte sie sich zweihundert Jahre später durch und hat bis ins 20. Jahrhundert hinein das Staatswesen und die Sittenlehre Chinas geprägt.

*Literatur:* Pierre Do-Dinh, *Konfuzius* (6. Aufl. 1993). – Heiner Roetz, *Konfuzius* (2. Aufl. 1998). – Volker Zotz, *Konfuzius* (2000). – Gregor Paul, *Konfuzius* (2001).

# Xerxes I.

Persischer König; geb. um 519 v. Chr., gest. um 465 v. Chr.

Unter Xerxes I. begann der Niedergang des mächtigen Perserreichs. Er war der Sohn ↑Dareios' I. und einer Tochter Kyros' II. des Großen. Als er 486 v. Chr. seinem Vater als Herrscher nachfolgte, mußte auch er zuerst seine Regierung durch die Unterdrückung von Aufständen festigen, so 484 in Ägypten und kurz darauf in Babylon, wo er die Tempel zerstören und die Statue des Stadtgottes Marduk zertrümmern ließ. Daraufhin wandte er sich der Aufgabe zu, an der sein Vater gescheitert war, nämlich der Unterwerfung Griechenlands. Im Jahre 480 versammelte er bei Sardes in Kleinasien eine Streitmacht von unerhörter Stärke – die Überlieferung schwankt zwischen 150 000 und 360 000 Mann. Als ein Sturm zwei über die Dardanellen gelegte Bootsbrücken auseinandertrieb, ließ er, so wird berichtet, zur Strafe die Wellen peitschen. Nach Instandsetzung der Brücken zog das Heer, unterstützt von 800 Schiffen, in Richtung Griechenland. Bei den Thermopylen stellte sich ihm der Spartaner Leonidas mit 6000 Kämpfern ohne Erfolg entgegen. Xerxes plünderte Attika und brannte Athen nieder. Mit eigenen Augen mußte er dann jedoch zusehen, wie bei der Insel Salamis seine Flotte von einer griechischen vollständig besiegt wurde. Entmutigt nahm er den Landweg nach Kleinasien zurück. Es zeugt von der Finanzkraft seines Reiches, daß er sich trotz der enormen Kosten, die sein Feldzug verursacht hatte, einer rührigen Bautätigkeit hingeben konnte. In der Hauptstadt Persepolis vollendete er die von seinem Vater begonnene Apanada, die große Audienzhalle mit ihren Flügelstierreliefs, baute sich selbst einen prächtigen Palast und begann die Errichtung des Hundertsäulensaals. Es scheint, daß seine wachsende Zügellosigkeit den Widerwillen seiner Umgebung hervorrief; schließlich wurde er während einer Palastrevolte von seiner Leibgarde meuchlings erschlagen.

*Literatur:* Eduard Meyer, *Geschichte des Altertums.* Bd. 4, Abt. 1: *Das Perserreich und die Griechen* (Neuausg. 1981). – Andrew Robert Burn, *Persia and the Greeks, c. 546–478 B. C.* (Stanford, Calif., 2. Aufl. 1984). – Peter Green, *The Greco-Persian Wars* (Berkeley, Calif., 1996).

# Platon

Griechischer Philosoph; geb. um 428 v. Chr., gest. um 348 v. Chr.

Ursprünglich der Politik zugewandt, stieß Platon das Unrecht ab, das die Athener seinem älteren Freund Sokrates antaten, als sie diesen zum Tode verurteilten und er 399 v. Chr. den Schierlingsbecher nehmen mußte. Er verbrachte deshalb einige Zeit bei dem eleatischen Philosophen Euklid außerhalb Athens. 388–387 finden wir ihn in Sizilien, wo er sich vergeblich bemühte, den Tyrannen Dionysios I. für philosophisch-sittliche Grundsätze zu gewinnen. Zwei weitere Reisen nach Syrakus, 366 und 361, endeten ebenfalls mit herben Enttäuschungen. Bedeutender für Platons Nachruhm wurde die Gründung der Akademie um 387 in Athen. An dieser Stätte systematischer philosophischer und wissenschaftlicher Betätigung, aus der auch ↑ Aristoteles hervorging, unterrichtete er bis an sein Lebensende. Dabei erachtete er das lebendige Wort als das wichtigste, eigentliche Medium für die Bildungsvermittlung. Die Nachwelt freilich ist zu seinem Verständnis vor allem auf die insgesamt 25 schriftlich überlieferten Dialoge angewiesen, die, obwohl nicht systematisch angelegt, als entscheidende Neuerung gegenüber den philosophischen Versuchen seiner Vorgänger eine umfassende Metaphysik bieten. Sein Gedanke, daß es Aufgabe der Philosophie sei, eine unveränderliche, im Guten kulminierende Wirklichkeit jenseits der unseren Sinnen zugänglichen, wechselnden Erscheinungen zu entdecken, hat als Postulat die abendländische Philosophie seither beschäftigt.

*Literatur:* Karl Bormann, *Platon* (3. Aufl. 1993). – Michael Bordt, *Platon* (1999). – Uwe Neumann, *Platon* (2001). – Martin Suhr, *Platon* (2001).

# Alexander III. der Große

König von Makedonien; geb. 356 v. Chr. Pella, gest. 13.6.323 v. Chr. Babylon

Alexander begründete das größte Reich der Antike. Sohn des makedonischen Königs Philipp II. und von ↑ Aristoteles erzogen, gelangte er zwanzigjährig auf den Thron und sicherte durch Feldzüge gegen die Thraker und Illyrer seine Herrschaft. Siege in Kleinasien über den persischen Großkönig Dareios III. am Granikos (334) und bei Issos (333) öffneten ihm den Weg nach Ägypten, wo er sich in Memphis mit der Krone der Pharaonen krönen ließ und 331 Alexandria gründete. Danach wandte er sich nach Mesopotamien. Nach einem entscheidenden Sieg über Dareios bei Gaugamela 331 wurde er zum «König von Asien» proklamiert. Die persischen Residenzen Babylon, Susa und Persepolis fielen ihm ohne Widerstand zu. In den Jahren 330 bis 325 führte er dann sein Heer durch den Iran bis nach Indien. Als die erschöpften Truppen den Weitermarsch verweigerten, fuhr er den Indus hinunter und zog durch die Wüste zurück nach Westen. Seine Übernahme des persischen Hofzeremoniells und sein Versuch, sich als Gott verehren zu lassen, erweckten jetzt allerdings den wachsenden Unwillen seiner Landsleute. Als er 323 in Babylon am Fieber starb, hatte er keinen regierungsfähigen Erben, und sein Reich zerfiel in den Kämpfen der Diadochen. Aber er hatte griechischem Handel, griechischer Sprache und griechischer Kultur neue Wege und Räume geöffnet, und aus deren Verschmelzung mit orientalischen Elementen entfaltete sich die hellenistische Weltkultur.

*Literatur:* Siegfried Lauffer, *Alexander der Große* (3. Aufl. 1993). – Gerhard Wirth, *Alexander der Große* (9. Aufl. 1995). – Hans-Joachim Gehrke, *Alexander der Große* (1996). – Nicholas Hammond, *Alexander der Große* (2001).

# Aristoteles

Griechischer Philosoph; geb. 384 v. Chr. Stagira (in Thrakien),
gest. 322 v. Chr. bei Chalkis (auf Euböa)

Aristoteles hat die abendländische Philosophie wie wohl kein anderer befruchtet. Zwar wurde er auf der makedonischen Halbinsel Chalkidike geboren, doch stammte er von griechischen Eltern ab. Seine naturwissenschaftliche Neugierde wurde vermutlich durch seinen Vater geweckt, der Arzt am makedonischen Königshof war. Mit 17 Jahren trat er als Schüler in ↑ Platons Akademie in Athen ein, wo er mit der frühen griechischen Philosophie vertraut gemacht wurde. Sein Interesse am Politischen muß durch seine Nähe zu dem späteren ↑ Alexander dem Großen verstärkt worden sein, als dessen Erzieher er etwa drei Jahre lang am makedonischen Hof weilte. An diesen wurde er um 343 von König Philipp II. gerufen, nachdem er die Akademie, der er 20 Jahre lang angehört hatte, nach Platons Tod 348 verlassen und dann einige Jahre in Assos in Kleinasien sowie auf der Insel Lesbos verbracht hatte. Nach einigen weiteren Jahren im heimatlichen Stagira kehrte er 335 nach Athen zurück und gründete dort seine eigene Akademie. Der Unterricht in diesem Lykeion, benannt nach dem Hain des Apollo Lykeios, fand in den dortigen Wandelgängen (griech. peripatoi) statt, weshalb man auch von seiner «Peripatetischen Schule» spricht. Während sich Platons Akademie vor allem mit mathematischen Problemen beschäftigte, konzentrierte man sich im Lykeion auf Biologie und Geschichte. Als sich nach dem Tode Alexanders 323 in Athen die Stimmung gegen alles Makedonische wandte, verließ Aristoteles, der Gottlosigkeit beschuldigt, die Stadt. Wenige Monate später starb er auf Euböa. In der Antike hieß es, er habe über 400 einzelne Werke verfaßt. Uns sind hiervon nur etwa 50 erhalten, doch haben ihre naturwissenschaftlichen, philosophischen und politischen Aussagen das mittelalterliche Denken in Kunst und Wissenschaft wesentlich geformt.

*Literatur:* Werner Jaeger, *Aristoteles* (2. Aufl. 1985). – Thomas Buchheim, *Aristoteles* (1999). – Otfried Höffe, *Aristoteles* (2. Aufl. 1999). – Christof Rapp, *Aristoteles zur Einführung* (2001).

# Hannibal

Karthagischer Feldherr und Staatsmann; geb. 247 oder 246 v. Chr. Karthago,
gest. 183 v. Chr. Libyssa

Hannibal brachte Rom an den Rand des Untergangs. Der Überlieferung zufolge hatte er neunjährig seinem Vater Hamilkar
Barkas geloben müssen, Rom, dem alten Gegner Karthagos,
ewig feind zu sein. Ab 221 v. Chr. Oberbefehlshaber der Truppen im karthagisch besetzten Spanien, eroberte er 219 dort das
römisch beschützte Sagunt. Im daraufhin ausbrechenden zweiten Punischen Krieg überquerte er 218 mit einem Heer von
40000 Fußsoldaten, 8000 Reitern und 37 Kriegselefanten die
Pyrenäen und, unter beträchtlichen Verlusten, auch die Alpen.
In der Poebene besiegte er die ihm entgegengeworfenen römischen Heere in zwei Schlachten und durchquerte dann, verstärkt durch Krieger gallischer Stämme, den Appennin. Obwohl er durch eine Infektion ein Auge verlor, gelang ihm 217
ein Sieg über die Römer am Trasimenischen See. Schließlich erzielte er 216 seinen brillantesten militärischen Erfolg in der
großen Umfassungsschlacht bei Cannae in Apulien, in der seine Truppen acht römische Legionen vernichteten. Danach begannen lange Jahre kräftezehrenden Umherziehens, da Rom,
dem Rat des Konsuls Fabius Maximus Cunctator – «des Zöge-
rers»– folgend, ihm keine Gelegenheit zur Entscheidungs-
schlacht bot. Im Jahre 203 rief man ihn nach Nordafrika zurück, wo er 202 bei Zama von Scipio entscheidend geschlagen
wurde. Als er um 196 politische Reformen durchführen wollte,
mußte er vor dem Zorn der heimischen Aristokratie ins Ausland fliehen. Er fand Zuflucht erst in Syrien und dann in Bithy-
nien in Kleinasien, doch als die Römer 183 seine Auslieferung
forderten, wußte er keinen anderen Ausweg mehr, als sich zu
vergiften. Mit ihm verlor die antike Welt eine ihrer imponie-
rendsten militärischen Führerpersönlichkeiten. Daß seinem
großen Charisma, seinem taktischen Witz und seiner strategi-
schen Meisterschaft der große Erfolg letztlich versagt blieb, lag
wohl eher an den Umständen als an ihm selbst.

*Literatur:* Hartwig A. Vogelsberger, *Hannibal* (1996). – Jakob Seibert,
*Hannibal* (1997). – Pedro Barceló, *Hannibal* (1998). – Serge Lancel, *Hannibal* (2000).

# Gaius Julius Caesar

Römischer Feldherr und Staatsmann; geb. 13.7.100 v. Chr. Rom,
gest. 15.3.44 v. Chr. Rom

Caesars Name lebt noch heute in den Titeln «Kaiser» und «Zar» fort; der Monat Juli ist nach ihm benannt. Diesen fortdauernden Ruhm verdankt er ebenso seiner Feldherrnkunst wie seinem Erfolg im intrigenreichen Ringen um die Macht in Rom. Einer verarmten noblen Familie entstammend, kämpfte er sich durch den politischen Dschungel der spätrömischen Republik bis in die höchsten Staatsämter vor. Vom Volk 63 v. Chr. zum Pontifex Maximus (Oberpriester) gewählt, schloß er im Jahre 60 das Triumvirat (Dreimännerbündnis) mit Pompeius und Crassus. Dies brachte ihm unter anderem die Statthalterschaft in Südgallien ein. In teilweise schonungslos geführten Feldzügen unterwarf er das nördliche Gallien und drang bis zum Rhein und nach Britannien vor. Mit der so gewonnenen Militärmacht überschritt er, als der eifersüchtig gewordene Senat seinen Rücktritt verlangte, im Jahre 49 den oberitalienischen Grenzfluß Rubikon und entfesselte damit einen Bürgerkrieg. Er eroberte Rom und Spanien und besiegte Pompeius, der die Sache des Senats militärisch vertrat, 48 bei Pharsalos in Griechenland. Nach Feldzügen in Kleinasien, Ägypten (wo er mit Königin Kleopatra einen Sohn zeugte), Nordafrika und Spanien kehrte er 45 nach Rom zurück. Dort nahm er, zum Diktator auf Lebenszeit ernannt, umfassende Reformen in Angriff, darunter auch die Einführung des später so genannten Julianischen Kalenders. Von den Republikanern Brutus und Cassius angeführte Verschwörer erdolchten ihn im Senat an den Iden des März.

*Literatur:* Karl Christ, *Caesar* (1994). – Christian Meier, *Caesar* (1997). – Martin Jehne, *Caesar* (2. Aufl. 2001). – Richard Platt, *Julius Caesar* (2001). – Luciano Canfora, *Caesar* (2001).

# Augustus

Römischer Kaiser; geb. 23.9.63 v. Chr. Velitrae (heute Velletri, bei Rom), gest. 19.8.14 n. Chr. Nola (bei Neapel)

Gaius Octavius, der Großneffe ↑ Caesars, baute die von seinem Großonkel nur kurz ausgeübte Alleinherrschaft zur bleibenden Institution aus. Von Caesar adoptiert und ab 44 v. Chr. Octavian genannt, erfuhr er im illyrischen Apollonia von dessen Tod. Er eilte nach Rom, besiegte seinen Rivalen Marcus Antonius und tat sich 43 mit diesem und Lepidus, einem Freund Caesars, zum zweiten Triumvirat (Dreimännerbündnis) zusammen. Nach Ausschaltung der Caesarmörder Brutus und Cassius in der Schlacht bei Philippi in Makedonien 42 teilten sie das Reich unter sich auf. Octavian erhielt den Westen, Antonius den Osten, Lepidus Afrika. Nachdem Octavian sich verschiedener Rivalen, darunter Lepidus', entledigt hatte, kam es zum Konflikt mit Antonius und der mit diesem verbündeten ägyptischen Königin Kleopatra. Die letzteren wurden 31 in der Seeschlacht bei Aktium vor der griechischen Küste besiegt, und damit war Octavian alleiniger Herrscher der griechisch-römischen Welt. Vom Senat 27 mit dem Ehrentitel «Augustus» (der Erhabene) gewürdigt, vereinigte er in der Folge als «Princeps» (Erster) die wichtigsten republikanischen Gewalten in seiner Person. Er sorgte für die Wiederherstellung von Ruhe und Ordnung, reformierte die Verwaltung des Reiches, gründete neue Kolonien und förderte die Künste. Sein Herrschaftsgebiet vermochte er bis zur Donau auszudehnen, allerdings nicht dauerhaft über den Rhein hinaus nach Osten. Nach seinem Tod wurde er zum Gott erhoben.

*Literatur:* Marion Giebel, *Augustus* (5. Aufl. 1995). – Jochen Bleicken, *Augustus* (1998). – Dietmar Kienast, *Augustus* (3. Aufl. 1999). – Werner Eck, *Augustus und seine Zeit* (2. Aufl. 2000).

# Jesus Christus

Zentrale Gestalt des Christentums; geb. um 4 v. Chr.,
gest. um 30 n. Chr. Jerusalem

Von Jesus, der sein ganzes Leben im römisch verwalteten Judäa
verbrachte, wissen wir nur, was uns die Evangelien berichten.
Dabei ist unsicher, ob er in Bethlehem geboren wurde, doch
wuchs er im galiläischen Nazareth bei seiner sich zur Sippe
↑Davids rechnenden Familie auf. Jesus erwarb wohl einige rab-
binische Bildung, begann aber sein von seiner Mutter Maria
und seinen Brüdern anfangs mißbilligtes öffentliches Wirken
erst um das Jahr 29 n. Chr. Zunächst ein Anhänger Johannes'
des Täufers, von dem er sich taufen ließ, versammelte er nach
dessen Tod eine Gruppe von «Schülern» um sich und zog mit
ihnen durch die Dörfer und Städte Galiläas und angrenzender
Gebiete. Die nahe Ankunft des Reiches Gottes verkündend, forderte er in Gleichnissen und Seligpreisungen zu Umkehr und
Nächstenliebe auf. Seine Krankenheilungen und Dämonenaus-
treibungen wurden von vielen als Anzeichen dafür gewertet,
daß die Macht Gottes bereits in der Welt zu wirken begann. Seine Suche nach Gemeinschaft mit den Armen und Verachteten,
seine Angriffe auf Privilegierte und Heuchler erweckten jedoch
bald das Mißfallen und auch den Argwohn der jüdischen und
römischen Autoritäten. Als er um das Jahr 30 zur Feier des Pas-
sahfests nach Jerusalem zog, befürchtete man einen Aufstand,
zumal viele seiner Anhänger in ihm den Messias und damit den
Erben Davids und rechtmäßigen König der Juden sahen. Nach
seinem letzten Abendmahl mit seinen Jüngern verhaftet und
von den jüdischen Behörden vernommen, wurde er dem römischen Statthalter Pontius Pilatus übergeben. Dieser ließ ihn als
Aufrührer kreuzigen. Drei Tage nach seiner Beisetzung in einem
Felsengrab war sein Leichnam verschwunden. Der Glaube an
seine Auferstehung und Gottessohnschaft wurde die Grundlage
der entstehenden christlichen Weltreligion.

*Literatur:* Heinrich Kahlefeld, *Die Gestalt Jesu in den synoptischen Evangelien* (1981). – Manfred Baumotte, Hg., *Die Frage nach dem historischen
Jesus* (1984). – Joachim Gnilka, *Jesus von Nazaret* (6. Aufl. 2000). – Jürgen Roloff, *Jesus* (2000).

Apostel; geb. Anfang des 1. Jh.s Tarsus (Kleinasien),
gest. zw. 63 und 67 Rom. Heiliger (Hochfest 29.6.)

Paulus (ursprünglich: Saul), der bedeutendste frühchristliche Missionar, entstammte einer strenggläubigen jüdischen Familie und erbte von seinem Vater das römische Bürgerrecht. Er erlernte das Zeltmacherhandwerk, wurde dann aber in Jerusalem zum gesetzestreuen Pharisäer ausgebildet und beteiligte sich an Christenverfolgungen. Sein Leben nahm eine entscheidende Wende, als er um das Jahr 30 auf dem Weg nach Damaskus eine visionäre Begegnung mit ↑ Jesus hatte, die ihn vom bitteren Christenfeind zum rastlosen Apostel des Christentums werden ließ. Er missionierte erst in Arabien und lebte dann, nach einer Begegnung mit Petrus in Jerusalem, zwölf Jahre lang im syrischen Antiochia. Auf einem Apostelkonzil in Jerusalem 48/49 setzte er die für die künftige Mission entscheidende Überzeugung durch, daß für die Bekehrung der Heiden nur deren Glaube an Christus ausschlaggebend sei, nicht aber die Befolgung der jüdischen Gesetze. Auf drei Missionsreisen während der folgenden Jahre, die ihn nach Kleinasien, Makedonien und Griechenland führten, gründete er Gemeinden unter anderem in Philippi, Thessalonike und Korinth. Ende der 50er Jahre wurde er in Jerusalem festgenommen, zwei Jahre lang in Caesarea inhaftiert und schließlich nach Rom verbracht. Der Tradition nach fand er dort unter Kaiser Nero den Märtyrertod. Durch seine Missionstätigkeit und seine Theologie hat er die Voraussetzung für eine universale Ausbreitung des Christentums geschaffen.

*Literatur:* Jürgen Becker, *Paulus* (1992). – Joachim Gnilka, *Paulus von Tarsus* (1996). – Eduard Lohse, *Paulus* (1996). – David Wenham, *Paulus* (1999).

# Konstantin der Große

Römischer Kaiser; geb. 27.2. um 280 (?) Naissos (heute Niš, Serbien),
gest. 22.5.337 bei Nikomedia (heute İzmit, Türkei)

Konstantin, der erste Christ auf dem Thron des römischen Reiches, wurde 306 nach dem Tod seines Vaters, des Kaisers Constantius I., durch das römische Heer in Britannien zum Kaiser ausgerufen. Durch geschickte und auch glückliche Ausschaltung seiner Rivalen gelang es ihm, seine Regierung im Westteil des Reiches zu sichern. Vor seinem Sieg 312 über Maxentius, den Herrscher in Italien, bei der Milvischen Brücke nahe Rom hatte er, einer Kreuzesvision («Unter diesem Zeichen wirst du siegen») folgend, das Christusmonogramm auf die Schilde seiner Truppen malen lassen. Seither dem Christentum zugetan, stellte er es 313 durch das Toleranzedikt von Mailand allen anderen im Reich erlaubten Kulten gleich. Den widerstrebenden Herrscher im Osten, Licinius, überwand er 324 bei Adrianopel in Thrakien, wodurch er die Alleinherrschaft im gesamten Reich errang. Vor allem aus außenpolitischen Gründen verlegte er daraufhin seine Regierung nach Osten, wo an der Stelle des alten Byzanz 330 die neue Hauptstadt Konstantinopel eingeweiht wurde. Die Reformen Kaiser Diokletians (240–316) weiterführend, verstärkte er das Hofzeremoniell, ordnete das Heer neu und trennte in den Provinzen die militärische von der zivilen Gewalt. 325 berief er das Konzil von Nizäa ein, das die Lehre des Arius als Häresie verurteilte. Er selbst ließ sich zwar erst auf dem Totenbett taufen, doch leitete seine Herrschaft durch die Aufwertung des Christentums eine Zeitenwende ein; mit ihr beginnt das Zeitalter der Spätantike.

*Literatur:* Jochen Bleicken, *Constantin der Große und die Christen* (1992). – Eberhard Horst, *Konstantin der Große* (1993). – Bruno Bleckmann, *Konstantin der Große* (1996). – Manfred Clauss, *Konstantin der Große und seine Zeit* (1996).

# Augustinus

Kirchenlehrer; geb. 13.11.354 Tagaste (Numidien), gest. 28.8.430 Hippo Regius (Numidien). Heiliger (Fest 28.8.)

Aurelius Augustinus, der größte der Kirchenväter, wurde im heutigen Algerien als Sohn eines heidnischen Vaters und der Christin Monica geboren. Als Student der Rhetorik in Karthago lebte er ausschweifend und zeugte auch einen unehelichen Sohn. Christliche Schriften fand er zur Enttäuschung seiner Mutter unattraktiv. Auch der Manichäismus, dem er sich zeitweilig zuwandte, befriedigte ihn nicht. Die entscheidende Wende seines Lebens brachte seine Berufung als Rhetor an den kaiserlichen Regierungssitz in Mailand. Durch die Predigten des dortigen Bischofs Ambrosius angeregt, kam er über den Neuplatonismus zum Glauben an Gott. Zusammen mit seinem Sohn ließ er sich zu Ostern 387 von Ambrosius taufen und kehrte dann nach Nordafrika zurück, wo er einige Jahre lang ein mönchisches Leben führte. Während einer Reise 395 nach Hippo Regius wurde er dort überredet, sich zum Priester weihen zu lassen. 395 folgte die Weihe zum Bischof-Koadjutor und im nächsten Jahr die Bestellung zum Bischof. Bald über die Grenzen seines Bistums hinaus wirkend, wurde er zum Mittelpunkt der afrikanischen und vor allem nach seinem Tode auch der abendländischen Kirche. In seinen Auseinandersetzungen mit den Manichäern, Donatisten, Pelagianern und Arianern bekräftigte er das Wesen der Erbsünde und betonte die Abhängigkeit des Menschen von der Gnade Gottes. Seine *Confessiones* (Bekenntnisse, 397–401) beschreiben seinen inneren Werdegang. In seinem wichtigsten Werk *De civitate Dei* (Vom Gottesstaat, 413–426) sah er im Gegensatz zur zyklischen antiken Geschichtsauffassung die Weltgeschichte als eine auf das göttliche Endgericht hinzielende Auseinandersetzung des Reiches Gottes mit dem irdischen Reich. Er starb während der Belagerung seiner Stadt durch die Wandalen.

*Literatur:* Gisbert Kranz, *Augustinus* (1994). – Christoph Horn, *Augustinus* (1995). – Wilhelm Geerlings, *Augustinus* (1999). – Peter Brown, *Augustinus von Hippo* (2000). – Hartmut Leppin, *Die Kirchenväter und ihre Zeit* (2000).

# Attila

König der Hunnen; regierte 434 bis 453

«Flagellum Dei», die Gottesgeißel, wurde Attila (gotisch «Väterchen») zwar erst später genannt, aber als eine solche Plage ist er gewiß bereits seinen Zeitgenossen erschienen. Das Herrschaftsgebiet des aus Asien vordringenden Reitervolks der Hunnen erstreckte sich im 5. Jahrhundert von der Ostsee und den Alpen bis zum Kaspischen Meer, mit der ungarischen Tiefebene als Kernland. Im Jahre 434 zur Regierung gelangt, erpreßten Attila und sein Bruder Bleda von Ostrom eine Verdoppelung der Tributzahlungen. Als diese nur säumig geleistet wurden, drangen die hunnischen Horden plündernd und sengend über die Donau vor, belagerten Konstantinopel und erzwangen eine dreifach höhere Tributleistung. 451 fiel Attila, der Bleda inzwischen ermordet hatte, in Gallien ein und drang bis zur Loire vor. Der weströmische Feldherr Flavius Aetius besiegte ihn jedoch, zusammen mit Westgoten, Burgundern, Franken und anderen Germanen, in blutiger Schlacht auf den Katalaunischen Feldern (wohl in der Champagne). Des Nimbus der Unbesiegbarkeit beraubt, zog sich Attila zurück und stieß im nächsten Jahr nach Italien vor. Er verwüstete die Poebene, kehrte jedoch nach Zahlung einer großen Summe durch Papst Leo I. wieder um. In Ungarn starb er schließlich unerwartet nach der Hochzeitsfeier mit der Ostgermanin Hildico. Attila war äußerlich wenig imposant. Von gedrungener Gestalt mit großem Kopf, tiefliegenden Augen, flacher Nase und einem dünnen Bart, war er überdies reizbar und tobsüchtig. Freilich wird auch überliefert, daß er auf Pomp verzichtete und menschlich durchaus ansprechbar sein konnte; doch ebenso heißt es, daß er macht- und beutegierig, äußerst hartnäckig in Verhandlungen und grausam bei der Durchsetzung seines Willens war. Sein halb Europa umspannendes Reich zerfiel rasch wieder, doch lebte er selbst fort als der König Etzel des Nibelungenlieds und als Atli in isländischen Sagen.

*Literatur:* Helene Homeyer, *Attila* (1951). – Gerhard Wirth, *Attila* (1999). – Patrick Howard, *Attila* (2001).

König der Ostgoten; geb. um 454 Pannonien, gest. 30.8.526 Ravenna

Theoderichs Herrschaft gilt als goldene Epoche, in der die römische und die germanische Kultur zu verschmelzen begannen. Sein aus dem heutigen Südrußland kommendes ostgotisches Volk war in den späten 450er Jahren gegen das Versprechen von Siedlungsland in den Dienst Ostroms getreten, doch mußte der junge Königssohn Theoderich ein Jahrzehnt als Geisel am Kaiserhof in Konstantinopel verbringen. 471 folgte er seinem Vater als König auf den Thron. Er beteiligte sich an internen oströmischen Machtkämpfen und wurde wohl deshalb 488 von Kaiser Zenon aufgefordert, die Herrschaft des Skirenfürsten Odoaker zu beenden, der dort 476 den letzten weströmischen Kaiser abgesetzt hatte. Theoderich besiegte Odoaker in Oberitalien in drei blutigen Schlachten. Nach zweijähriger Belagerung in Ravenna erschlug er ihn dort schließlich eigenhändig mit dem Schwert. Nunmehr Herrscher über ganz Italien, errichtete er während der folgenden drei Jahrzehnte ein Friedensregiment, in dem auf die Befolgung der Gesetze geachtet wurde. Öffentliche Bauten, die Reparatur von Straßen und der Ausbau von Häfen brachten einen Wirtschaftsaufschwung. Er ließ die römische Landesverwaltung unberührt, tolerierte die katholische Kirche und behielt den arianischen Goten lediglich das Heerwesen vor. Zwar verhinderte er eine gotisch-römische ethnische Vermischung, doch betraute er Römer mit hohen Ämtern. Nach seinem Tod in seinem bis heute erhaltenen Grabmal in Ravenna beigesetzt, ging er als Dietrich von Bern in die deutsche Sage ein.

*Literatur:* Wilhelm Ensslin, *Theoderich der Große* (2. Aufl. 1959). – Werner Ekschmitt, *Theoderich der Große* (1998). – Aulo Engler, *Theoderich der Große* (1998).

# Benedikt von Nursia

Ordensgründer; geb. um 480 Nursia (heute Norcia bei Perugia), gest. 21.3.547 Montecassino. Heiliger (Fest 11.7.)

Was wir über den großen Ordensgründer wissen, ist hauptsächlich einer Schilderung Papst Gregors I. entnommen, der seinerseits vier Schüler Benedikts befragt haben soll. Danach entstammte dieser einer landbesitzenden Familie, die ihm den Schulbesuch in Rom ermöglichte. Die Ausschweifung des dortigen Lebens mißfiel ihm, und er zog sich bald in die hügelige Umgebung der Stadt zurück. Bei Subiaco im südlichen Sabinergebirge lebte er mehrere Jahre in einer Höhle. Der Ruf seines heiligmäßigen Lebens führte ihm Anhänger zu, mit denen er zwölf kleine Klöster gründete. Anfeindungen des benachbarten Klerus bewogen ihn 529, mit einigen Schülern nach Süden zu ziehen und auf dem Montecassino zwischen Rom und Neapel ein neues Kloster zu gründen. Für dieses verfaßte er seine berühmte Regel, in die sowohl viele aus der schon existierenden monastischen Literatur gewonnene Einsichten wie auch seine gründliche Seelenkenntnis einflossen. Er hat damit als erster eine durchdachte, verbindliche Ordnung des Lebens im Kloster geschaffen. Der Mönch soll sich ihr zufolge selbst verlieren und Gott gewinnen, kann dies aber, auf Besitzlosigkeit und Keuschheit verpflichtet, nur als dienendes Glied in einer Gemeinschaft der Liebe und des Gehorsams vollbringen. Die vornehmste Tätigkeit dieser Gemeinschaft bildet das geregelte Gebet und Gotteslob, die übrige Zeit ist geistlicher Lektüre und körperlicher Arbeit gewidmet. Durch Gregor I. gefördert, hat sich nach Benedikts Tod das benediktinische Mönchtum bald in Italien, dem fränkischen Gallien und in England verbreitet. Die missionarische Arbeit der einzelnen Klöster im frühen Mittelalter, ihre theologische und kulturelle Leistung ließ sie zu Lehrern des Abendlandes werden.

*Literatur:* Ildefons Herwegen, *Der heilige Benedikt* (5. Aufl. 1980). – Gertrude Sartory und Thomas Sartory, *Benedikt von Nursia* (1981).

# Mohammed

Religionsstifter; geb. um 570 Mekka, gest. 8.6.632 Medina

Mohammed, der Gründer des Islam, verlor früh seine Eltern. Von Verwandten der verarmten Familie erzogen, heiratete er um 595 die ältere, wohlhabende Kaufmannswitwe Chadidja. Sie gebar ihm zwei Söhne und vier Töchter, die außer Fatima früh verstarben. Das Vermögen seiner Frau erlaubte ihm ausgedehnte Handelsreisen, möglicherweise bis nach Syrien. Begegnungen mit christlichen und jüdischen Gruppen scheinen dabei religiöse Fragen in ihm geweckt zu haben. Um 610 verdichteten sich seine Meditationsübungen zu visionären Offenbarungserlebnissen. Der Engel Gabriel beauftragte ihn, als Gottesgesandter die Menschen zum Islam, das heißt zur Verehrung Allahs, des einen allmächtigen Gottes, zu führen. Die Götzenidole sollten zerstört werden, und die Reichen sollten sich den Armen gegenüber großzügig erweisen. Diese göttlichen Mitteilungen wurden dann zum Teil noch zu seinen Lebzeiten aufgezeichnet und, in den 650er Jahren vollends redigiert, als «Koran» (arabisch: Lesung) zum heiligen Buch. In seinem Geburtsort Mekka angefeindet, übersiedelte er nach dem Tod seiner Frau Chadidja 622 in das nördlicher gelegene Medina. Dort wirkte er als geistliches und politisches Oberhaupt seiner wachsenden Gefolgschaft und heiratete neun Frauen. In militärischen Auseinandersetzungen besiegte er Mekka nach einigen Rückschlägen und konnte 630 dort wieder einziehen. Er machte die Kaaba, ein würfelähnliches Steingebäude mit einem schon von den Heiden verehrten schwarzen Meteoriten, zum Mittelpunkt der neuen Religion. Der Freitag galt nun als Wochenfeiertag, und an Stelle eines Fastentags wurde der Fastenmonat Ramadan eingeführt. Die Anhänger des in Medina begrabenen Mohammed verbreiteten seinen Glauben schon in den nächsten Jahrzehnten bis nach Spanien und Indien.

*Literatur:* Rudi Paret, *Mohammed und der Koran* (1991). – Emile Dermenghem, *Mohammed* (7. Aufl. 1996). – Martin Lings, *Muhammad* (2000). – Hartmut Bobzin, *Mohammed* (2. Aufl. 2002).

# Karl der Große

König der Franken, Kaiser (seit 800); geb. 2.4.747, gest. 28.1.814 Aachen

Karl erweiterte und sicherte die fränkische Herrschaft dergestalt, daß sie das abendländische Mittelalter nachhaltig prägte. Seit 768 zusammen mit seinem Bruder Karlmann regierend, herrschte er nach dessen Tod ab 771 allein. Auf Bitten Papst Hadrians I. zog er nach Italien und besiegte dort den Langobarden Desiderius, dessen Königstitel er sich 774 zulegte. Gleichzeitig erneuerte er die Gebietsschenkung seines Vaters Pippin III. an die Kurie und übernahm die Schutzherrschaft über den Kirchenstaat. Nach erfolgreichen Kämpfen in Aquitanien und gegen die Araber konnte er 801 die bis zum Ebro reichende Spanische Mark errichten. Die Sachsen, bis zu Herzog Widukinds Unterwerfung 785 von diesem geführt, wurden in zahlreichen blutigen Feldzügen bezwungen. Nicht ganz sicher, aber möglich ist, daß Karl im sogenannten Verdener Blutgericht des Jahres 782 insgesamt 4500 Parteigänger Widukinds enthaupten ließ. Bayern wurde 788 dem Reich eingegliedert, und zum Schutz des letzteren wurden in den verschiedenen Grenzgebieten weitere Marken eingerichtet. Karl erneuerte die Reichsverwaltung und die Rechtspflege, bemühte sich um Mission und kirchliche Reformen und versammelte angesehene Gelehrte an seinem Hofe. Papst Leo III. würdigte seine überragende Bedeutung, indem er ihn an Weihnachten 800 in Rom zum Kaiser erhob.

*Literatur:* Josef Fleckenstein, *Karl der Große* (3. Aufl. 1990). – Gerhard Herm, *Karl der Große* (5. Aufl. 1995). – Matthias Becher, *Karl der Große* (2. Aufl. 2000). – Dieter Hägermann, *Karl der Große* (2000).

# Otto I. der Große

Kaiser; geb. 22.11.912, gest. 7.5.973 Memleben (Thüringen)

Otto, der größte der Sachsenkaiser, wurde nach dem Tod seines Vaters Heinrich I. «des Voglers» 936 in Aachen zum König erhoben. In den folgenden Jahren mußte er mehrere Rebellionsversuche niederschlagen, darunter diejenigen seines jüngeren Bruders Heinrich und seines Sohnes Liudolf. Um die königliche Autorität zu stärken, stellte er deshalb Bischöfe und Reichsäbte in den Dienst der Reichsverwaltung und stattete sie bevorzugt mit Grundbesitz und Hoheitsrechten aus. Die Ostgrenze des Reiches sicherte er durch die Errichtung von Marken und Bistümern, so des Erzbistums Magdeburg 968, durch die Förderung der Slawenmission und vor allem auch durch den entscheidenden Sieg über die Ungarn auf dem Lechfeld bei Augsburg im Jahre 955. Bereits 951 zog er nach Italien, wo er sich zum König der Langobarden krönen ließ und sich mit der Königswitwe Adelheid vermählte. In Anerkennung seiner Macht wurde er auf einem zweiten Italienzug 962 von Papst Johannes XII. in Rom zum Kaiser gekrönt. Daraufhin erneuerte er, an die Politik ↑ Karls des Großen anknüpfend, die Schutzherrschaft über das Papsttum. Durch die Vermählung seines Sohnes Otto (II.) mit der byzantinischen Prinzessin Theophanu 972 gewann er die Anerkennung seines Kaisertums durch Byzanz. Er hat das Reich zur Hegemonialstellung in Europa geführt und wurde schon zu Lebzeiten «der Große» genannt.

*Literatur:* Helmut Hiller, *Otto der Große und seine Zeit* (1980). – Ernst Wilhelm Wies, *Otto der Große* (2. Aufl. 1991). – Johannes Laudage, *Otto der Große* (2001). – Hagen Keller, *Die Ottonen* (2. Aufl. 2001).

# Friedrich I., Barbarossa

Kaiser; geb. um 1122 Waiblingen (?),
gest. 10.6.1190 im Saleph (Fluß in Kleinasien)

Schon seinen Zeitgenossen galt Friedrich Barbarossa («Rotbart») als eine Idealgestalt, welche die Macht und Größe des Reiches verkörperte. Der Hohenstaufer, seit 1147 Herzog von Schwaben, wurde 1152 von den Fürsten in Frankfurt einstimmig zum König gewählt und in Aachen gekrönt. Seine Regierung war dann im Grunde freilich ein einziger langer Kampf gegen widerspenstige Vasallen nördlich der Alpen sowie, auf sechs Italienzügen, gegen die unruhigen Städterepubliken in der Lombardei und gegen den Papst. Auf seinem ersten Italienzug 1155 in Rom zum Kaiser gekrönt, konnte er 1162 Mailand unterwerfen. Fünf Jahre später schien es, daß er auch dem Papst gebieten könne, doch die Malaria raffte große Teile seines Heeres vor Rom dahin. Die Lombarden nahmen dies als Signal zur Revolte. Sie besiegten ihn 1176 bei Legnano, woraufhin er den zuvor bekämpften Papst Alexander III. anerkannte und den lombardischen Stadtstaaten die Selbstverwaltung zugestand. 1178 ließ er sich in Arles zum König von Burgund krönen, nachdem er bereits 1156 die burgundische Erbin Beatrix geheiratet hatte. Seinen stärksten Rivalen in Deutschland, den Welfen Heinrich den Löwen, konnte er 1180 lehnsrechtlich wegen Nichtachtung der kaiserlichen Majestät verurteilen und seiner Besitzungen für verlustig erklären lassen. Durch die Vermählung seines Sohnes, des späteren Kaisers Heinrich VI., mit der sizilianischen Erbin Konstanze bahnte Friedrich die folgenreiche Verbindung des Reichs mit Sizilien an. Auf der Höhe seiner Macht zog er 1189 im dritten Kreuzzug gegen den ägyptischen Sultan Saladin, der 1187 Jerusalem erobert hatte, ertrank aber nach dem Sieg bei Ikonion im Fluß Saleph. Obwohl in seiner Herrschaft weniger erfolgreich, als der spätere Mythos ihn zeichnete, wurde er bald neben ↑Karl dem Großen der volkstümlichste Kaiser des deutschen Mittelalters.

*Literatur:* Marcel Pacaut, *Friedrich Barbarossa* (1969). – Evamaria Engel, *Kaiser Friedrich Barbarossa* (1994). – Ferdinand Opll, *Friedrich Barbarossa* (3. Aufl. 1998). – Ernst W. Wies, *Kaiser Friedrich Barbarossa* (2. Aufl. 1998).

# Franz von Assisi

Ordensstifter; geb. 1181 oder 1182 Assisi,
gest. 3.10.1226. Assisi. Heiliger (Fest 4.10.)

Wenige Heilige haben die Jahrhunderte hindurch solch unein-
geschränkte Verehrung erfahren wie Franz von Assisi. Der Sohn
eines wohlhabenden Tuchhändlers führte in seiner Jugend ein
unbeschwertes Leben. Als er 1202 im Städtekrieg zwischen Assisi und Perugia gefangen wurde, kam er allerdings erst nach
einem Jahr wieder frei. Eine anschließende Krankheit brachte
ihn auf den Weg der Bekehrung. Er pflegte Aussätzige, lebte als
Bettler und stellte eine zerfallene Kapelle wieder her. Zum Mißfallen seines Vaters verkaufte er auch dessen Stoffvorrat für
wohltätige Zwecke. 1209 gab er einer Gruppe von Gefährten
eine Regel als Verhaltensnorm und verpflichtete sie als «Min-
dere Brüder» zu einem Leben in Armut und Buße im Dienst an
der Menschheit und der Kirche. Durch die Bekehrung der adli-
gen Klara von Assisi gesellte sich 1212 ein weiblicher Gemein-
schaftszweig hinzu. Eine zweite Regel von 1221 wurde 1223
nochmals umgeschrieben und in dieser Form durch Papst Ho-
norius III. als endgültige Regel des Franziskanerordens bestätigt. Franz selbst, der 1219 mit dem fünften Kreuzzug bis nach
Ägypten kam und dort vor dem Sultan predigte, zog sich 1220
von der Leitung des Ordens zurück. Er war halbblind durch ein
aus dem Orient mitgebrachtes Augenleiden, als bei ihm im September 1224 die Wundmale Christi aufbrachen. Er verbarg die
Stigmatisierung vor seiner Umgebung und suchte vielmehr
durch das Beispiel seiner frommen Gläubigkeit sowie durch
Sendschreiben und das Abfassen von Gebeten nach außen zu
wirken. Die Natur als den Spiegel Gottes verstehend, betrach-
tete er alle Kreatur als seine «Brüder» und «Schwestern» und
pries in seinem Sonnengesang (um 1224) die Vollkommenheit
der Schöpfung. Schon zwei Jahre nach seinem Tode wurde er
heiliggesprochen. Seine Nachwirkung bis heute ist kaum zu
überschätzen.

*Literatur:* Ivan Gobry, *Franz von Assisi* (20. Aufl. 1993). – Chiara Frugoni,
*Franz von Assisi* (1997). – Veit-Jakobus Dieterich, *Franz von Assisi*
(3. Aufl. 1998). – Helmut Feld, *Franziskus von Assisi* (2001).

# Dschingis Khan

Mongolischer Herrscher; geb. 1155 oder 1162 oder 1167
am Fluß Onon (Mongolei), gest. 18.(?)8.1227 in der Südmongolei

Es ist nicht leicht, aus den vielen Legenden, die sich um die Jugend des großen Mongolen Dschingis Khan ranken, einen soliden Kern zu isolieren. Sicher ist, daß er ursprünglich Temüjin hieß und seinen Vater, einen kleinen Stammesfürsten, früh verlor. In einer Reihe von Sippenfehden vermochte er sich gegen Rivalen sowie eine Anzahl benachbarter mongolischer und türkischer Stämme durchzusetzen und schließlich die zuvor herrschenden Tataren zu besiegen. Im Jahre 1206 wurde er im Huraltai, der feierlichen Versammlung aller Stammesfürsten, als ihr oberster Anführer anerkannt und mit dem Titel «Dschingis Khan» (ozeangleicher Herrscher) ausgezeichnet. Nachdem er sich ein schlagkräftiges Reiterheer geschaffen hatte, fiel er 1211 in das nordchinesische Chin-Reich ein. Seine Heere durchstießen die Chinesische Mauer, eroberten Peking und drangen bis Korea vor. Im Westen vernichteten sie die Reste des Kitan-Reiches in Turkestan und ritten in den Nordiran und in die Südukraine. Seine Erfolge verdankte er sowohl der harten Disziplinierung seiner Truppen als auch seiner Listigkeit, berechnenden Grausamkeit sowie andererseits auch der Fähigkeit, treue Gefolgschaft zu gewinnen. Sein Imperium, das sich bei seinem Tod vom Chinesischen Meer bis nach Osteuropa erstreckte, war das größte zusammenhängende Reich der Menschheitsgeschichte. Seine Söhne und Enkel teilten es unter sich auf.

*Literatur:* Michel Hoàng, *Dschingis Khan* (1991). – Rainer M. Schröder, *Dschingis Khan* (2. Aufl. 1993). – Reinhold Neumann-Hoditz, *Dschingis Khan* (3. Aufl. 1995).

# Friedrich II.

Kaiser; geb. 26.12.1194 Iesi (bei Ancona),
gest. 13.12.1250 Fiorentino (Apulien)

Friedrich II. wurde schon zu Lebzeiten bewundert wegen seiner Genialität, seiner Vielsprachigkeit sowie seines Interesses für Dichtung, Mathematik, Philosophie und Naturwissenschaften («stupor mundi» – das Staunen der Welt). Der Sohn des Stauferkaisers Heinrich VI. und Konstanzes von Sizilien wurde bereits zweijährig zum deutschen König gewählt. Nach seines Vaters Tod ließ ihn seine Mutter unter Verzicht auf den deutschen Titel 1198 in Palermo zum König von Sizilien krönen. Sie starb im gleichen Jahr, und bis 1208 war Papst Innozenz III. sein Vormund. Er war es auch, der die erneute Wahl Friedrichs zum deutschen König in Nürnberg 1211 betrieb als Gegenmaßnahme gegen den Süditalien bedrohenden Welfenkaiser Otto IV. Friedrich setzte sich mit Unterstützung Frankreichs rasch durch und wurde 1215 in Aachen gekrönt; 1220 erfolgte die Kaiserkrönung in Rom. Zunächst beschäftigte er sich hauptsächlich mit der Neuordnung des sizilischen Staates, der zu einem straff organisierten Beamtenstaat umgebaut und dessen Recht 1231 kodifiziert wurde. 1228 unternahm er den lange versprochenen fünften Kreuzzug. Der ägyptische Sultan Al Kamil übergab ihm kampflos die heiligen Stätten, woraufhin Friedrich sich selbst 1229 in der Grabeskirche zum König von Jerusalem krönte. Von da an verschlechterte sich für ihn die politische Situation. In Deutschland sah er sich gezwungen, den Fürsten im *Statutum in favorem principum* 1231/32 wichtige Hoheitsrechte zu überlassen; vier Jahre später mußte er seinen aufrührerischen Sohn Heinrich (VII.) unterwerfen; und in den 1240er Jahren erlebte er sogar die Wahl von zwei Gegenkönigen. Gegen die lombardischen Städte konnte er sich trotz seines glänzenden Sieges bei Cortenuova 1237 nicht durchsetzen, und sein Verhältnis zur Kurie war und blieb gespannt. Aber trotz solcher Widrigkeiten ging er als Staatsmann, Feldherr und Mäzen nach seinem Tod in die Sage ein.

*Literatur:* Georgina Masson, *Friedrich II. von Hohenstaufen* (1991). – Wolfgang Stürner, *Friedrich II.* (1997). – Eberhard Horst, *Friedrich der Staufer* (2000). – Ekkehart Rotter, *Friedrich II. von Hohenstaufen* (2000). **35**

# Thomas von Aquin

Theologe und Philosoph; geb. 1225 Burg Roccasecca (bei Aquino, Süditalien), gest. 7.3.1274 Fossanova (südl. Rom). Heiliger (Fest 28.1.)

Das Gelehrtendasein Thomas', des bedeutendsten Theologen und Philosophen des Mittelalters, wurde nur durch einige Reisen unterbrochen. So hatten es wohl schon seine zum neapolitanischen Kleinadel gehörenden Eltern beabsichtigt, die ihn früh in das Benediktinerkloster Monte Cassino gaben. Als Kaiser ↑Friedrich II. die Mönche zeitweilig von dort verbannte, ging er an die Universität Neapel und trat 1243, gegen den elterlichen Willen, in den gerade emporkommenden Dominikanerorden ein. Die Ordensoberen sandten ihn 1245 nach Paris, wo er unter dem großen Gelehrten Albertus Magnus studierte. Diesem folgte er 1248 nach Köln. 1252 zurück in Paris, lehrte er dort bis 1259 und danach in Orvieto, Viterbo und Rom. Philosophische und innerkirchliche Kontroversen führten ihn 1269 wieder nach Paris. Ab 1272 in Neapel, starb er auf der Reise zum zweiten Konzil von Lyon. Sein Hauptbestreben ging dahin, den Rationalismus ↑Aristoteles' mit dem christlichen Offenbarungsglauben zu versöhnen. Durch die enzyklopädische Breite seiner Überlegungen und seine in scharfer Systematik vorgetragenen Konklusionen, am eindrucksvollsten dargelegt in seinen beiden Hauptwerken *Summa theologiae* und *Summa contra gentiles*, hat er nicht nur das Denken seiner Zeit beherrscht, sondern auch dasjenige der nachfolgenden Generationen maßgeblich beeinflußt. 1323 wurde er heiliggesprochen und 1567 zum Kirchenlehrer erhoben.

*Literatur:* James A. Weisheipl, *Thomas von Aquin* (1980). – Josef Pieper, *Thomas von Aquin* (1990). – Jean-Pierre Torrell, *Magister Thomas* (1995). – Marie-Dominique Chenu, *Thomas von Aquin* (9. Aufl. 2001).

# Dante Alighieri

Italienischer Dichter; geb. Mai 1265 Florenz, gest. 14.9.1321 Ravenna

Wir kennen Dante als einen ungewöhnlich gebildeten Laien des Mittelalters, doch über seine Kindheit und Jugend wissen wir nur wenig. In eine der vornehmen Familien von Florenz hineingeboren, erhielt er wohl eine umfassende Erziehung. Mit neun Jahren begegnete er erstmals seiner großen Liebe Beatrice, die jedoch bereits 1290 im Alter von 24 Jahren starb; er hat sie dann in seinem Werk verklärt. Wohl um 1293 heiratete er und hatte mehrere Kinder. Ab 1295 betätigte er sich politisch. Der antipäpstlichen Partei angehörend, wurde er Mitglied des Rates der Hundert und im Jahre 1300 auch einer der sechs Priori. Die päpstliche Partei verbannte ihn jedoch 1302 unter Verlust seiner Ämter und Güter aus der Stadt. Danach führte er ein unstetes Wanderleben, das ihn zunächst nach Verona an den Hof der Scaliger, dann unter anderem auch nach Lucca und Padua führte. Als 1310 Kaiser Heinrich VII. auf seiner Romfahrt nach Oberitalien kam, erwartete Dante von ihm die Wiederherstellung der alten römischen Macht und zog ihm freudig entgegen. Mit dem Tod des Kaisers 1313 zerschlug sich diese Hoffnung, und damit erlosch auch Dantes Aussicht auf eine Rückkehr nach Florenz. Um 1320 fand er bis zu seinem Tod Zuflucht in Ravenna. Schon früh literarisch tätig, hat er eine Vielzahl von Werken verfaßt, doch ruht sein bis heute anhaltender Ruhm auf der in toskanischer Mundart geschriebenen *Divina Commedia* (Göttliche Komödie), die er seit 1290 plante, nach 1313 bearbeitete und 1321 vollendete. In drei Teilen (Hölle, Läuterungsberg, Paradies) beschreibt er seine Wanderung zu Gott, zunächst begleitet von Vergil, der den menschlichen Verstand symbolisiert, bis zu dem Punkt, wo nur noch Beatrice, die göttliche Gnade verkörpernd, ihn zu leiten vermag. Das Werk, ein umfassender Katalog des mittelalterlichen Wissens, stellt den Höhepunkt der italienischen Dichtung dar.

*Literatur:* Friedrich Schneider, *Dante* (5. Aufl. 1960). – Antonio Altomonte, *Dante* (1994). – Kurt Leonhard, *Dante Alighieri* (9. Aufl. 1998). – Ulrich Prill, *Dante* (1999).

# Jeanne d'Arc

Französische Nationalheldin; geb. um 1411 Domrémy-la-Pucelle (Lothringen), gest. 30.5.1431 Rouen. Heilige (Fest 30.5.)

Jeanne, zu deutsch Johanna, bewirkte die Vertreibung der Engländer aus Frankreich. Sie nannte sich selbst «la Pucelle», die Unberührte, weshalb man sie im Deutschen als die Jungfrau von Orleans kennt. Zur Zeit ihrer Geburt hatten englische Könige im Hundertjährigen Krieg schon generationenlang versucht, ihre Herrschaft auf Frankreich auszudehnen. Das lothringische Bauernmädchen hörte nun «Stimmen» von Heiligen, die es aufforderten, das französische Heer gegen die Engländer zu führen und dem Thronfolger Karl VII. zur Krönung in Reims zu verhelfen. 1429 gelang es der Siebzehnjährigen, im Loireschloß Chinon von Karl empfangen zu werden. Sie überzeugte ihn von ihrer gottgewollten Mission, und es wurde ihr gestattet, in Männerkleidung und bewaffnet die französischen Truppen zu begleiten. Von ihrem Enthusiasmus mitgerissen, befreite das Heer das von den Engländern seit fünf Monaten belagerte Orleans. Ein weiterer glänzender Sieg bei Patay öffnete den Weg nach Reims, wo Karl am 17. Juli 1429 in Jeannes Gegenwart gekrönt wurde. Danach ging ihr Einfluß am Hofe zurück. Im Mai 1430 fiel sie bei Compiègne den Burgundern in die Hände, die sie den Engländern auslieferten. Von einem Inquisitionsgericht in Rouen wegen Hexerei verurteilt, wurde sie am 30. Mai 1431 auf dem Scheiterhaufen verbrannt. 1456 wurde das Urteil widerrufen, und 1920 wurde sie, schon seit Jahrhunderten in Frankreich als Nationalheilige verehrt, offiziell kanonisiert.

*Literatur:* Vita Sackville-West, *Jeanne d'Arc* (1992). – Herbert Nette, *Jeanne d'Arc* (8. Aufl. 2000). – Heinz Thomas, *Jeanne d'Arc* (2000).

# Johannes Gutenberg

Erfinder des Buchdrucks; geb. um 1400 Mainz, gest. 3.2.1468 Mainz

Der Ruhm, den Buchdruck mit beweglichen Lettern erfunden zu haben, gebührt Johannes Gutenberg (eigentlich Gensfleisch zur Laden) aus Mainz. Vielleicht benutzten die Chinesen schon zuvor in ähnlicher Weise Lettern aus Ton und Leim, aber dies hatte gewiß keinen Einfluß auf die europäische Entwicklung. Gutenberg wuchs vermutlich in seiner Heimatstadt auf, verließ diese jedoch vor 1430, vielleicht wegen Streitigkeiten zwischen den Patriziern, zu denen sein Vater gehörte, und den Zünften. 1434 bis 1444 lebte er in Straßburg, wo er als geschickter Metallhandwerker den Goldschmieden zuarbeitete. Während dieser Zeit bastelte er an seiner Erfindung, die er geheimzuhalten trachtete, von der aber im Zusammenhang eines Gerichtsprozesses mit Geldgebern manches an die Öffentlichkeit drang. Danach verliert sich seine Spur, doch 1448 war er wieder in Mainz, wo ihm ein gewisser Johannes Fust gegen Teilhaberschaft Kapital zur Verfügung stellte. Um 1450 scheint Gutenberg die Technik der Herstellung völlig gleicher, auswechselbarer Metallettern beherrscht zu haben. Die nötige Druckerpresse war schon 1438 nach dem Vorbild alter Weinkeltern gebaut worden. 1452 begann man mit dem Druck des ersten großen Werks; die Arbeit an dieser technisch und ästhetisch hervorragenden, 42zeiligen sogenannten Gutenberg-Bibel war um 1455 vollendet. Von den vermutlich 180 ursprünglichen Exemplaren sind heute noch 48 erhalten. Trotz des Erfolges ständig in Geldnot, mußte Gutenberg offenbar die Druckerei schließlich Fust überlassen, konnte sich aber 1459 anscheinend eine kleinere Druckwerkstatt einrichten. Der Mainzer Erzbischof gewährte ihm ab 1465 eine Pension, vielleicht aus der Erkenntnis heraus, daß die neue Erfindung durch die wohlfeile Verbreitung von Wissen die Menschheit verändern würde.

*Literatur:* Albert Kapr, *Johannes Gutenberg* (2. Aufl. 1988). – Helmut Presser, *Johannes Gutenberg* (8. Aufl. 1995). – Stephan Füssel, *Johannes Gutenberg* (2. Aufl. 2000). – Andreas Venzke, *Johannes Gutenberg* (2000).

# Lorenzo I. de' Medici der Prächtige (il Magnifico)

Stadtherr von Florenz; geb. 1.1.1449 Florenz,
gest. 9.4.1492 Careggi (bei Florenz)

Die Medici führten die Republik Florenz seit dem frühen 15. Jahrhundert. Unter Lorenzo wurde die Stadt zur führenden Macht Italiens und gelangte zu höchster wirtschaftlicher und kultureller Blüte. Er hatte, wie auch sein Bruder Giuliano, eine umfassende humanistische Ausbildung erhalten, als er zusammen mit diesem 1469 die Leitung der Republik übernahm. Bei einem Attentat der rivalisierenden Familie Pazzi 1478 wurde Giuliano im Dom vor dem Altar ermordet. Lorenzo entkam, wenn auch verwundet. Die Bestrafung der Mörder brachte Streit mit Papst Sixtus IV., aber 1480 gelang es Lorenzo, mit dessen stärkstem Helfer, König Ferdinand I. von Neapel, ein Friedensabkommen zu schließen. Da das florentinische Volk zu den Medici hielt, konnte er daraufhin seine Stellung unter Wahrung der überkommenen Staatsform weiter ausbauen. Eine Verfassungsänderung, welche den ihm ergebenen Rat der Siebzig einführte, brachte ihm fürstenähnliche Autorität. Selbst dichterisch tätig, unterstützte er Gelehrte und Künstler, förderte die Platonische Akademie, gründete die Biblioteca Laurenziana und war ein großzügiger Mäzen der Maler und Bildhauer. Als Bauherr prägte er weitgehend das Gesicht von Florenz. Seine schon die Zeitgenossen beeindruckende Prachtliebe, sein Mäzenatentum wie auch seine politische Gewandtheit lassen ihn im Rückblick als den Prototyp des Renaissancefürsten erscheinen.

*Literatur:* Emmy Cremer, *Lorenzo de' Medici* (1970). – James Cleugh, *Die Medici* (1997). – Volker Reinhardt, *Die Medici* (2. Aufl. 2001).

# Christoph Kolumbus

Entdecker Amerikas; geb. 1451 Genua, gest. 21.5.1506 Valladolid

Als er nach Westen segelte, wollte Kolumbus (ital. Cristoforo Colombo) bekanntlich nicht Amerika entdecken, sondern vielmehr das Gewürze, Edelsteine und Seidenstoffe liefernde Ostindien erreichen. Die Berechnungen des Astronomen Paolo Toscanelli hatten ergeben, daß die Entfernung zu bewältigen war. Aufgrund dieser falschen Annahme gelang es Kolumbus, der schon eine Weile in Portugal gelebt hatte, nach seiner Übersiedlung nach Spanien 1486 Königin Isabella I. von Kastilien für seinen Plan zu gewinnen. Sie und König Ferdinand II. von Aragon rüsteten ihn mit drei Karavellen aus (*Santa Maria*, *Pinta* und *Niña*) und sicherten ihm vertraglich die Würde eines Großadmirals sowie Anspruch auf ein Zehntel der zu erwartenden Gewinne zu. Im August 1492 stach er von Palos (bei Cádiz) aus in See. Am 12. Oktober stieß er auf die Insel Guanahani in den Bahamas, die er San Salvador (Erlöserinsel) taufte. Die spanische Fahne aufstellend, nahm er sie für die Krone in Besitz. Auf der Weiterfahrt kam er nach Kuba, dann nach Hispaniola (Haïti). Im März 1493 traf er wieder in Palos ein. Auf einer zweiten, mit 17 Schiffen und 1500 Mann unternommenen Fahrt (1493 bis 1496) entdeckte er Puerto Rico und Jamaica. Auf einer dritten (1498 bis 1500) erreichte er die südamerikanische Küste mit der Orinokomündung. Anschuldigungen der mitgereisten Siedler führten dazu, daß er in Ketten nach Spanien zurückgesandt wurde. Nach seiner Rehabilitierung kam er auf einer vierten Reise (1502 bis 1504) noch an die Küste Mittelamerikas, doch kehrte er krank zurück. Enttäuscht über die Undankbarkeit seiner königlichen Auftraggeber, die ihm Regierungsrechte in Westindien vorenthielten, starb er zurückgezogen und vergessen in dem hartnäckig festgehaltenen Glauben, Indien erreicht zu haben.

*Literatur:* Salvador de Madariaga, *Kolumbus* (1992). – Andreas Venzke, *Der Entdecker Amerikas* (2. Aufl. 1992). – Charles Verlinden, *Christoph Kolumbus* (1992).

# Leonardo da Vinci

Italienisches Universalgenie; geb. 15.4.1452 Vinci (bei Florenz),
gest. 2.5.1519 Château-de-Cloux (heute Clos-Lucé, bei Amboise)

Leonardo gilt als der Inbegriff des kreativen und vielseitigen Renaissancemenschen, der sein Streben in den Dienst des neuzeitlichen Erkenntnisdranges stellte. Er war der uneheliche, vielseitig begabte Sohn eines Notars und eines Bauernmädchens. Um 1470 begann er in Florenz eine Lehre bei dem Künstler Andrea del Verrocchio. Nach seiner Aufnahme in die Malerzunft 1472 blieb er noch einige Jahre in Florenz und arbeitete dann ab 1482 am Hofe von Herzog Ludovico Sforza in Mailand. Dort entstand eines seiner Meisterwerke, das Fresko des *Abendmahls* im Kloster Santa Maria delle Grazie. Nach dem Sturz der Sforza kehrte er 1499 nach Florenz zurück, wo er 1503 das Porträt der rätselhaft lächelnden *Mona Lisa* malte. Zwischen 1506 und 1513 war er die meiste Zeit wieder in Mailand. Ein Aufenthalt in Rom 1513 bis 1516 verlief enttäuschend, da die erwarteten päpstlichen Aufträge ausblieben. So folgte er gern einer Einladung des jungen Königs Franz I. nach Frankreich, wo er in dem kleinen Schloß Cloux bei Amboise residierte und siebenundsechzigjährig starb. Leonardo sah sich vor allem als Maler, doch sind nur wenige vollendete Gemälde von ihm erhalten, und sein Ruhm beruht mindestens ebenso auf seinem zeichnerischen und bildhauerischen Werk wie auf den in seinen Notizbüchern festgehaltenen technischen und naturwissenschaftlichen Studien und Entwürfen.

*Literatur:* Silvia Alberti de Mazzeri, *Leonardo da Vinci* (1988). – Jean-Claude Frère, *Leonardo da Vinci* (1994). – Kenneth Clark, *Leonardo da Vinci* (20. Aufl. 2000). – Paul Frischauer, *Leonardo da Vinci* (2001).

# Vasco da Gama

Portugiesischer Seefahrer; geb. 1469 Sines (Portugal),
gest. 24.12.1524 Cochin (Südindien)

Vasco da Gama entdeckte den Seeweg nach Indien. Schon seit den Tagen Heinrichs des Seefahrers in der ersten Hälfte des 15. Jahrhunderts hatten sich die Portugiesen entlang der Westküste Afrikas vorgetastet, und Bartoloméu Diaz war im Winter 1487/88 bis zum Kap der Guten Hoffnung gekommen. Mitte der 1490er Jahre nun erteilte König Emanuel I. dem in mancherlei kriegerischen Aktionen erprobten Kapitän Da Gama den Auftrag, den Seeweg nach dem märchenhaft reichen Indien zu erkunden. Im Juli 1497 verließ dieser mit vier Schiffen, an Bord einige Arabisch und Bantu sprechende Dolmetscher, den Hafen an der Tajomündung bei Lissabon. Am 22. November umfuhr das Geschwader die Südspitze Afrikas und erreichte dann, entlang der Ostküste segelnd, Malindi im heutigen Kenia. Der dortige Sultan stellte einen Navigator zur Verfügung, mit dessen Hilfe Da Gama den Indischen Ozean überquerte und im Mai 1498 an der Malabarküste bei Calicut in Südindien landete. 1499 war er wieder zurück in Portugal, wo ihm ein triumphaler Empfang bereitet wurde und Emanuel I. ihn adelte. Da in Calicut Unruhen ausbrachen, wurde er 1502 erneut nach Indien gesandt, diesmal mit einer starken Kriegsflotte. Er bombardierte den Ort, setzte die Oberhoheit Portugals in den Städten der Westküste durch und sicherte so das portugiesische Handelsmonopol in Indien. Nach seiner Rückkehr im Herbst 1503 beriet er die Krone in den Angelegenheiten des indischen Besitzes. 1519 wurde er zum Grafen von Vidigueira erhoben. 1524 zum Vizekönig von Indien ernannt, wurde er nochmals dorthin geschickt, erkrankte jedoch und verstarb. Da Gamas Erkundungsreisen legten den Grundstein für den nun aufblühenden Seehandel Europas mit der östlichen Welt. Der Dichter Luis de Camões hat die Reisen in seinem Epos *Die Lusiaden* verherrlicht.

*Literatur:* Gernot Giertz, Hg., *Vasco da Gama* (2. Aufl. 1990). – François Bellec, *Die Entdeckung der Welt* (2001). – Vasco da Gama, *Die Entdeckung des Seewegs nach Indien: Ein Augenzeugenbericht* (2001).

# Niccolò Machiavelli

Italienischer politischer Denker; geb. 3.5.1469 bei Florenz,
gest. 22.6.1527 Florenz

Machiavelli hat als Vorläufer einer theoretischen Wissenschaft von der Politik einen kaum zu überschätzenden Einfluß auf die Staatsphilosophie der folgenden Jahrhunderte ausgeübt. Hierzu wäre es wohl nicht gekommen, hätten ihm nicht die Umstände seines Lebens die Möglichkeit zu eigenem Handeln allzusehr beschnitten. Sohn einer verarmten florentinischen Beamtenfamilie, wurde er 1498 zum Vorsteher der Zweiten Kanzlei der Stadtrepublik ernannt. Auf diplomatischen Missionen nach Frankreich, zu Kaiser Maximilian I., zu dem Papstsohn und Usurpator Cesare Borgia sowie zu Papst Julian II. lernte er Diplomatie und Machtpolitik aus nächster Nähe kennen. Als jedoch die Medici 1512 die Führung der Stadt zurückgewannen, mußte er aus allen Ämtern ausscheiden. Er zog sich auf seinen kleinen Landsitz zurück und schrieb vor allem über die Politik. Sein Hauptanliegen war die Erhaltung des Staates; zu diesem Zweck sollte der Herrrscher im Notfall vom Zwang befreit werden, nach Normen zu handeln. Machiavelli nahm damit, besonders deutlich in seinem recht kurzen, aber bis heute eifrig diskutierten Hauptwerk *Il Principe* (Der Fürst, 1513), den moderneren Begriff der Staatsräson vorweg. In seinen späten Jahren verfaßte er noch als Auftragsarbeit eine Geschichte der Stadt Florenz, wurde jedoch weiterhin bis zu seinem Tode von öffentlicher Verantwortung ferngehalten.

*Literatur:* Hans Freyer, *Machiavelli* (3. Aufl. 1986). – Wolfgang Kersting, *Niccolò Machiavelli* (1988). – Christiane Gil, *Machiavelli* (1994). – Dirk Hoeges, *Niccolò Machiavelli* (2000).

# Erasmus von Rotterdam

Niederländischer Humanist; geb. 28.10.1466 (1469?) Rotterdam,
gest. 12.7.1536 Basel

Seine Zeitgenossen hielten Erasmus für den größten Gelehrten nördlich der Alpen. Er war das Kind eines Priesters, was im späten 15. Jahrhundert nichts Ungewöhnliches war. Nach dem frühen Tod beider Eltern steckte man ihn in eine Schule der Laienbrüder vom Gemeinsamen Leben in Deventer. Um 1487 trat er in ein Augustiner-Chorherrenstift bei Gouda ein und blieb dort bis zur Priesterweihe 1492. Anschließend Sekretär des Bischofs von Cambrai, schickte ihn dieser 1495 nach Paris zum Theologiestudium. Er wurde nach England eingeladen und begegnete dort in den Jahren 1499 und 1500 den Humanisten John Colet und Thomas More, unter deren Einfluß er seine Aufmerksamkeit dem Neuen Testament und dem Griechischen zuwandte. Die nächsten Jahre verbrachte er, lernend und lehrend, im belgischen Löwen, in Italien und dann, ab 1509, wieder in England. 1514 zurück in Brabant, ging er 1521 aus Furcht, von Kaiser ↑ Karl V. um eine Stellungnahme gegen ↑ Luther gebeten zu werden, nach Basel. 1529 floh er vor dem dortigen Protestantismus für eine Weile nach Freiburg im Breisgau, kehrte jedoch wieder nach Basel zurück. Schriften, Korrespondenz und Unterricht profilierten ihn allmählich zur Zentralgestalt der Gelehrsamkeit nördlich der Alpen. 1516 veröffentlichte er in Basel die erste Druckausgabe des griechischen Neuen Testaments. Die Idee eines gebildeten, weltbürgerlichen Christentums versuchte er mit kritischen Ausgaben der Kirchenväter, darunter Hieronymus (1516), Ambrosius (1527) und Augustinus (1527–29), zu verbreiten. Werke wie seine *Adagia* (1500/1515, eine Sprichwörtersammlung) oder sein *Encomium Moriae* (Lob der Torheit, 1511) machten ihn über akademische Kreise hinaus berühmt. Wegen seiner sprachlichen Sorgfalt, der Weite seines Horizontes und seines Versöhnungsbemühens gilt er auch heute noch als der bedeutendste Repräsentant des christlichen Humanismus.

*Literatur:* Léon Ernest Halkin, *Erasmus von Rotterdam* (2. Aufl. 1992). – Johan Huizinga, *Erasmus* (1993). – Anton J. Gail, *Erasmus von Rotterdam* (7. Aufl. 1994). – Uwe Schultz, *Erasmus von Rotterdam* (1998).

# Nikolaus Kopernikus

Astronom; geb. 19.2.1473 Thorn, gest. 24.5.1543 Frauenburg (Ostpreußen)

Kopernikus verwarf in seinem erst im Jahre seines Todes veröffentlichten Werk *De revolutionibus orbium coelestium* (Über die Kreisbewegungen der Himmelskörper) das geozentrische Weltsystem und postulierte ein gänzlich neues Verständnis der Stellung der Erde und damit des Menschen im Weltall. Die alte Ansicht, welche die Erde als unbeweglichen Mittelpunkt des Universums begriff, hatte der griechische Astronom Ptolemäus bereits im 2. Jahrhundert n. Chr. konzipiert, und war sie seither die herrschende Lehrmeinung gewesen. Kopernikus gelangte erst allmählich zu seiner neuen Erkenntnis. Sein Vater starb schon früh. Auf Veranlassung seines Onkels, des Bischofs von Ermland, ging er 1491 an die Universität Krakau, wo er sich für die Astronomie zu interessieren begann. 1496 nach Bologna gesandt, studierte er dort sieben Jahre lang Griechisch, aber vor allem auch Mathematik und Astronomie, außerdem in Padua Medizin und Rechtswissenschaft. Danach kehrte er nach Frauenburg zurück, wo er Sekretär seines Onkels und, ohne Priester zu sein, 1510 Domherr wurde. Nach langjähriger Himmelsbeobachtung und komplizierten mathematischen Berechnungen kam er zu der Überzeugung, daß die Sonne den Mittelpunkt des Sonnensystems bildet, während die Erde und alle anderen bekannten Planeten sie umkreisen. Das erwähnte Werk, in dem er diesen Gedanken darlegte, vollendete er bereits 1530. Wegen dessen revolutionären Charakters hielt er es jedoch für ratsam, die Veröffentlichung hinauszuschieben. Nicht nur katholische Kreise hatten Zweifel, sondern auch Martin ↑ Luther und Philipp Melanchthon fanden es anstößig. Dennoch setzte sich die Kopernikanische Revolution durch und bildete die Grundlage, auf der Kepler und ↑ Galilei dann ihrerseits weiterdenken konnten.

*Literatur:* Bernhard-Maria Rosenberg, *Nicolaus Copernicus* (1973). – Jochen Kirchhoff, *Nikolaus Kopernikus* (1985). – Jürgen Hamel, *Nicolaus Copernicus* (1994). – Martin Carrier, *Nikolaus Kopernikus* (2001).

# Martin Luther

Reformator; geb. 10.11.1483 Eisleben, gest. 18.2.1546 Eisleben

Luther wollte die Kirche nicht spalten, und auch seine Rolle als Reformator übernahm er nur zögernd. Sohn eines Bergmanns, bezog er 1501 die Universität Erfurt. Wegen eines heftigen Gewitters in großer Furcht, gelobte er, Mönch zu werden. Gegen den väterlichen Willen trat er 1505 in den Orden der Augustiner-Eremiten ein und wurde 1507 zum Priester geweiht. An die Universität Wittenberg versetzt und 1512 zum Doktor der Theologie promoviert, lehrte er dort Bibelexegese. Als ihn die Ablaßpredigten des Dominikaners Johann Tetzel empörten, veröffentlichte er am

31. Oktober 1517 diesbezüglich 95 Thesen zum Zweck gelehrter Diskussion. Aus dem Lateinischen ins Deutsche übersetzt, fanden die Thesen jedoch rasch Verbreitung. Bei einem päpstlichen Verhör in Augsburg 1518 lehnte er es ab, sie zurückzunehmen, und in einer Disputation mit dem Dominikanermönch Johannes Eck 1519 in Leipzig stellte er Papsttum und Kirche in Frage. Die Androhung und schließlich die Verhängung des Kirchenbanns beantwortete er mit drei großen Programmschriften und der Verweigerung des Widerrufs auf dem Reichstag in Worms 1521. Nach der Verhängung der Reichsacht beschäftigte er sich erst auf der Wartburg und ab 1522 in Wittenberg mit der Übersetzung der Bibel ins Deutsche und betreute die Organisation der sich allenthalben bildenden lutherischen Gemeinden. 1525 heiratete er eine ehemalige Nonne. Er starb in seiner Vaterstadt, wurde aber in Wittenberg beigesetzt.

*Literatur:* Albrecht Beutel, *Martin Luther* (1991). – Martin Brecht, *Martin Luther* (3 Bde., 2. Aufl. 1994). – Hans Jochen Genthe, *Martin Luther* (1996). – Bernhard Lohse, *Martin Luther* (3. Aufl. 1997). – Ernstpeter Maurer, *Luther* (1999).

# Hernán Cortés

Spanischer Konquistator; geb. 1485 Medellín (Estremadura),
gest. 2.12.1547 bei Sevilla

Cortés eroberte Mexiko, unterwarf das Aztekenreich und öffnete damit den Weg für die Errichtung des spanischen Kolonialimperiums auf dem amerikanischen Festland. Dem niederen Adel entstammend, hatte er sich neunzehnjährig nach Hispaniola (Haïti) in der Karibik begeben und 1511 einer Expedition zur Eroberung Kubas angeschlossen. Dort wurde er 1518 zum Befehlshaber einer Truppe ernannt, die das soeben entdeckte Reich der Azteken erkunden sollte. Mit 500 Soldaten, den nötigen Seeleuten sowie 16 Pferden setzte er im Februar 1519 auf das mexikanische Festland über. Im März gründete er den Ort Veracruz, übte seine Streitmacht ein und zerstörte dann die Transportschiffe. Sein Vormarsch ins Landesinnere profitierte von dem Umstand, daß die Azteken zufällig damals die Rückkehr des weißen Gottkönigs Quetzalcoatl erwarteten. Cortés wurde mit jenem identifiziert und somit im November in der Hauptstadt Tenochtitlán, der heutigen Stadt Mexiko, von ihrem Herrscher Montezuma willig empfangen. Cortés nahm Montezuma nach wenigen Tagen gefangen und unterwarf ihn der kastilischen Krone, mußte sich dann aber nach Veracruz zurückziehen. 1520 stieß er mit Verstärkungen wieder nach Tenochtitlán vor, nur um unter schweren Verlusten nochmals vertrieben zu werden. Mit Hilfe neuer Mannschaften und indianischer Bundesgenossen belagerte er dann 1521 die Hauptstadt, die nach 93 Tagen fiel. Das Aztekenreich war damit in spanischer Hand. Ab 1522 Generalkapitän und Statthalter, begann Cortés mit dem Aufbau einer spanischen Verwaltung. Eine Expedition nach Honduras 1524 verlief allerdings wenig erfolgreich. 1528 war er zurück in Spanien, wo Kaiser ↑Karl V. ihn empfing, doch verlor er aufgrund von Verleumdungen seine Statthalterschaft. 1530 bis 1540 lebte er wieder in Mexiko und unternahm 1536 einen Zug nach Kalifornien. Danach lebte er bis zu seinem Tod in Spanien.

*Literatur:* Herbert Matis, *Hernán Cortés* (1967). – Claudine Hartau, *Hernando Cortés* (1994). – Salvador de Madariaga, *Hernán Cortés* (1997). – Hugh Thomas, *Die Eroberung Mexikos* (2000).

# Ignatius von Loyola

Ordensgründer; geb. 1491 Schloß Loyola (bei San Sebastián, Spanien),
gest. 31.7.1556 Rom. Heiliger (Fest 31.7.)

Keine Gegenreformation und katholische Erneuerung ohne die Jesuiten, und keine Jesuiten ohne Ignatius: In solcher Vereinfachung könnte man die historische Bedeutung des Edelmanns aus dem Baskenland ausdrücken. Bei der Verteidigung Pamplonas gegen die Franzosen 1521 schwer verwundet, faßte er auf dem Krankenbett den Entschluß, künftig ein religiöses Leben zu führen. In der Einsamkeit südlich von Barcelona entwarf er seine «geistlichen Übungen», eine Anweisung für Exerzitien, die durch Meditation zur Erkenntnis der Sünde und zur Gewinnung des Heils führen sollen. Nach mehrfacher Inhaftierung durch die Inquisition wegen Häresieverdachts studierte er von 1528 bis 1535 in Paris und schloß sich dort 1534 mit einigen Gefährten zu einer religiösen Gemeinschaft zusammen. 1537 zum Priester geweiht, lebte er fortan in Rom. Papst Paul III. gewährte Ignatius' «Gesellschaft Jesu», die den üblichen drei mönchischen Gelübden der Armut, der Keuschheit und des Gehorsams noch das des speziellen Gehorsams gegenüber dem Papst hinzufügte, 1540 die offizielle Bestätigung. Die bestens ausgebildeten Jesuiten betrieben künftig erfolgreich die katholische Reform vor allem durch die Einrichtung und effiziente Führung von Schulen und Universitäten sowie die Beratung von regierenden Fürsten. Hinzu kam die Mission in Übersee. Ignatius wurde 1622 heiliggesprochen.

*Literatur:* Alain Guillermou, *Ignatius von Loyola* (3. Aufl. 1993). – Ignacio Tellechea, *Ignatius von Loyola* (1998). – Stefan Kiechle, *Ignatius von Loyola* (2001). – Gottfried Maron, *Ignatius von Loyola* (2001).

# Karl V.

Kaiser; geb. 24.2.1500 Gent, gest. 21.9.1558 San Gerónimo de Yuste

In Karls V. Reich, so sagte man, ging die Sonne nicht unter. Andererseits mußte er aber die Spaltung der Christenheit in demselben erdulden. In Flandern erzogen, erbte er 1516 die spanische Königskrone und wurde 1519 zum Kaiser gewählt. Seine Gebiete, zu denen das von der Reformation erschütterte Deutschland, die Niederlande, Neapel, die spanischen Besitzungen in Amerika und die Philippinen gehörten, erwiesen sich als nicht leicht zu regieren. Er sah es jedoch als seine Aufgabe an, den Glauben zu verbreiten und die Glaubenseinheit wieder herzustellen. So förderte er die Eroberung Mexikos und Perus wie auch die erste Weltumsegelung durch Magalhães. Sobald es die Umstände zuließen, wandte er sich tatkräftig gegen den deutschen Protestantismus. 1530 in Bologna als letzter deutscher Kaiser vom Papst gekrönt, besiegte er 1547 den Schmalkaldischen Bund bei Mühlberg in Thüringen. Schließlich mußte er jedoch den Lutheranern 1555 die freie Ausübung ihres Bekenntnisses zugestehen. Zwar konnte er sich in vier Kriegen gegen den französischen König Franz I. die Herrschaft in Italien und den Niederlanden sichern, aber da es ihm nicht gelang, die religiöse Einheit in Mitteleuropa wieder herzustellen, trat er müde und enttäuscht 1555/56 die Regierung im Reich an seinen Bruder Ferdinand I. ab. Den übrigen, als wertvoller erachteten Besitz übergab er seinem Sohn ↑ Philipp II. Zwei Jahre später starb er zurückgezogen nahe einem Kloster in Spanien.

*Literatur:* Manuel Fernández Alvarez, *Karl V.* (2. Aufl. 2000). – Alfred Kohler, *Karl V.* (2. Aufl. 2000). – Herbert Nette, *Karl V.* (5. Aufl. 2000). – Luise Schorn-Schütte, *Karl V.* (2. Aufl. 2001).

# Michelangelo Buonarroti

Italienischer Bildhauer, Maler, Baumeister und Dichter;
geb. 6.3.1475 Caprese (bei Arezzo), gest. 18.2.1564 Rom

Michelangelo war wohl der bedeutendste Künstler der Hoch-
renaissance und zugleich ein Wegbereiter des Barock. Seine wenig vermögende Familie gab ihn 1488 bei dem berühmten Maler Domenico Ghirlandaio in Florenz in die Lehre. Nachdem er
sich die Technik der Fresko- und der Tafelbildmalerei angeeig-
net hatte, verließ er dessen Werkstatt nach einem Jahr, angeblich, weil es für ihn nichts mehr zu lernen gab. Sein Talent fiel
↑ Lorenzo I. de' Medici auf, dem Herrscher der Stadtrepublik,
der ihn in sein Haus aufnahm. Dort wurde er in die Bildhaue-
rei eingeführt und kam auch mit dem Neuplatonismus in Be-
rührung, der den Anstoß gab für die sein weiteres Werk kenn-
zeichnende Assimilation von Antike und Christentum. 1494
ging er nach Bologna und 1496 nach Rom. Eine seiner be-
kanntesten Skulpturen, die heute im Petersdom stehende *Pietà*,
stammt aus dieser Periode. 1501 zurück in Florenz, schuf er
hier die aus einem einzigen riesigen Marmorblock gehauene,
überlebensgroße Statue des *David*. 1505 rief ihn Papst Julian II.
nach Rom mit dem Auftrag, für ihn ein Grabmal zu erstellen.
Nur einige Figuren wurden fertig, darunter aber die später vollendete Sitzstatue des *Moses*. Ein Höhepunkt dieser Periode war
die Ausmalung der Decke der Sixtinischen Kapelle; diesem
Werk fügte er in den späten 1530er Jahren noch *Das Jüngste
Gericht* an der Kapellenendwand hinzu. Danach beschäftigte er
sich mit verschiedenen Vorhaben in Florenz, so der Grabkapel-
le der Medici und dem Bau der Biblioteca Laurenziana. Ab
1534 endgültig in Rom, übernahm er 1546 die Fertigstellung
des Palazzo Farnese und entwarf die Kuppel des Petersdoms.
Neben seinem bildnerischen Schaffen widmete sich Michelangelo, eines der universellsten Genies aller Zeiten, auch der Poe-
sie und schrieb Sonette und Madrigale im Stile Petrarcas.

*Literatur:* Linda Murray, *Michelangelo* (1985). – Bruno Nardini, *Michelangelo* (3. Aufl. 1985). – Heinrich Koch, *Michelangelo* (13. Aufl. 1993).

# Johannes Calvin

Französisch-schweizerischer Reformator; geb. 10.7.1509 Noyon (Picardie), gest. 27.5.1564 Genf

Johannes Calvin (eigentlich Jean Cauvin), neben ↑Luther der erfolgreichste der Reformatoren, hatte zunächst mit Theologie nicht viel im Sinn. Ab 1523 in Paris lebend, erwarb er dort 1532 den Grad eines Lizenziaten der Rechte. Da er sich aber zuletzt in radikalen Humanistenkreisen bewegt hatte, hielt er es 1533 für ratsam, die Stadt zu verlassen. Er kam 1535 in das protestantische Basel, wo er nach theologischen Studien 1536 die umfangreiche *Christianae religionis institutio* (Unterrichtung in der christlichen Religion) veröffentlichte. Er begriff darin jedes Ereignis als prädestiniert, das heißt von Gott vorherbestimmt, und wandte sich damit gegen die katholische Lehre von der Freiheit des menschlichen Willens. 1541 gewann ihn der Reformator Guillaume Farel für die kirchliche Arbeit in Genf. Beide wurden wegen ihres Übereifers 1538 der Stadt verwiesen, doch kam Calvin, der nach Straßburg gegangen war, 1541 zurück und konnte den Genfer Rat zur Annahme der *Ordonnances ecclésiastiques* veranlassen. Während seiner letzten Lebensjahre betrieb er unduldsam die Durchsetzung dieser auf strenge Gemeindezucht angelegte Kirchenordnung und förderte die Ausbreitung seiner Lehre weit über Genf hinaus. Besonderen Einfluß erlangte sie in einigen Regionen Deutschlands, in Frankreich, den Niederlanden und in Schottland. Von den britischen Inseln aus erreichte sie in der Form des Puritanismus den nordamerikanischen Kontinent, wo sie stark prägend wirkte.

*Literatur:* Wilhelm Neuser, *Calvin* (1971). – Alister E. McGrath, *Johann Calvin* (1991). – Bernard Cottret, *Calvin* (1998). – Willem van't Spijker, *Calvin* (2001).

# Iwan IV. der Schreckliche

Russischer Herrscher; geb. 25.8.1530 Moskau, gest. 18.3.1584 Moskau

Iwan setzte in Rußland die Autokratie durch. 1547 ließ er sich als erster russischer Herrscher zum Zaren krönen, nachdem er als Nachfolger seines Vaters schon dreijährig zum Großfürsten von Moskau proklamiert worden war. Seine inneren Reformen dienten der Machtkonsolidierung. 1550 erließ er ein neues, detailliertes Rechtsbuch und reorganisierte die Lokalverwaltung sowie die Kriminalgerichtsbarkeit. Dabei stärkte er den niederen Dienstadel auf Kosten des zuvor mächtigen russischen Erbadels, der Bojaren. Diese Absicht leitete ihn auch bei der Ernennung von Offizieren aufgrund ihrer Leistung statt nur der Vornehmheit ihrer Geburt. Die Wehrkraft wurde weiter durch die Schaffung der mit Feuerwaffen ausgerüsteten Elitetruppe der Strelitzen gestärkt. Das kam seinem Expansionsdrang zugute, der sich ebenso in der Einverleibung der Khanate Kasan (1552) und Astrachan (1556) äußerte wie im Beginn der Eroberung Sibiriens und dem Einfall in Livland (1558), der einen Zugang zur Ostsee eröffnen sollte. In den 1560er Jahren zeigte seine Persönlichkeit psychopathische Züge, als dem von ihm ausgelösten schrankenlosen Terror Tausende von Menschen zum Opfer fielen. In einem Wutanfall erschlug er 1581 sogar seinen eigenen Sohn. Andererseits wird ihm zugute gehalten, daß er, hochgebildet, in Rußland den Buchdruck einführte. Bei seinem Tod aber hinterließ er ein wirtschaftlich ausgeblutetes Land.

*Literatur:* Erich Donnert, *Iwan Grosny* (2. Aufl. 1980). – Henri Troyat, *Iwan der Schreckliche* (1987). – Ruslan G. Skrynnikow, *Iwan der Schreckliche und seine Zeit* (1997). – Reinhold Neumann-Hoditz, *Iwan der Schreckliche* (2. Aufl. 1999).

# Philipp II.

König von Spanien; geb. 21.5.1527 Valladolid,
gest. 13.9.1598 El Escorial (bei Madrid)

Philipp war nicht nur der mächtigste Vorkämpfer der Gegenreformation, sondern unter ihm erreichte das spanische Königreich auch seine größte Ausdehnung und Geltung. Als einziger legitimer Sohn Kaiser ↑ Karls V. erhielt er von diesem 1540 Mailand zur Herrschaft, 1554 Neapel-Sizilien, 1555 die Niederlande und 1556 schließlich Spanien mit dessen überseeischen Besitzungen sowie die burgundische Franche-Comté. Schon 1557 mußte er Krieg gegen Frankreich führen, das sich gegen diese Umklammerung wehrte, doch konnte er 1559 einen vorteilhaften Frieden schließen. 1561 verlegte er seinen Regierungssitz von Toledo nach dem bisher unbedeutenden Madrid und erbaute in dessen Nähe seine monumentale Klosterresidenz El Escorial. Stets alles penibel kontrollierend und auf strenge Einhaltung des Hofzeremoniells achtend, lenkte er nun von hier aus seinen Regierungsapparat. Seine tiefe Religiosität gebot ihm, das Eindringen der Reformation in seinen Ländern zu verhindern. Während dies in Spanien und Italien gelang, erhoben sich ab 1568 die Niederlande, deren nördliche Provinzen 1581 ihre Unabhängigkeit erklärten. Da sich England ständig einmischte und außerdem die Seewege nach Amerika bedrohte, entschloß sich Philipp, der 1571 bei Lepanto vor der griechischen Küste einen glanzvollen Seesieg gegen die Osmanen errungen hatte, eine Expedition zur See auch gegen England zu unternehmen. 1588 scheiterte seine Armada jedoch im stürmischen Ärmelkanal. Es konnte ihm kein dauernder Trost sein, daß er bereits 1580 das ihm erblich zugefallene Portugal hatte erobern können, zumal ein neuer Krieg mit Frankreich 1594 bis 1598 ebenfalls ohne greifbaren Erfolg endete. Unbeirrt in seinen Zielen und nicht gewahr, daß er die Finanz- und Wirtschaftskraft seines Landes weit überspannt hatte, erlag er kurz vor Ende des Jahrhunderts einer schweren Krankheit.

*Literatur:* Peter Pierson, *Philipp II.* (1985). – Fernand Braudel, *Das Mittelmeer und die mediterrane Welt in der Epoche Philipps II.* (1998). – Manfred Vasold, *Philipp II.* (2001).

# Elisabeth I.

Königin von England; geb. 7.9.1533 Greenwich (heute zu London), gest. 24.3.1603 Richmond

Als Elisabeth I. starb, wurde sie in ihrem Land geehrt wie nur wenige Monarchen vor oder nach ihr. Dabei war die Legitimität ihrer Thronfolge 1558 von vielen angezweifelt worden, war sie doch zwar die Tochter König Heinrichs VIII., aber auch der von ihm erst nach seiner Scheidung geheirateten Anna Boleyn. Elisabeth setzte sich jedoch resolut gegen solche Anfeindungen durch und scheute sich auch nicht, ihre Konkurrentin, die Schottin Maria Stuart, fast zwei Jahrzehnte lang einzusperren und 1587 deren Enthauptung zuzulassen. Skrupellos, aber erfolgsgewiß, war sie von Anfang an bestrebt, in ihrem Land nach der religiösen und politischen Unsicherheit seit ihres Vaters Tod nun eine festere Ordnung zu etablieren. Die Wiedereinführung der anglikanischen Staatskirche 1559 diente diesem Ziel ebenso wie ihre vermittelnde Haltung gegenüber dem Parlament, dessen wachsendem politischen Gewicht sie bewußt Rechnung trug. Ihr außenpolitischer Hauptgegner war Spanien. Dessen König ↑ Philipp II. hatte zwar anfangs eine Heirat mit ihr angestrebt, doch unterstützte sie aus Gleichgewichtsgründen die Niederlande in deren Unabhängigkeitskampf wie auch die Übergriffe englischer Freibeuter auf spanische Schiffe. Die Entscheidung fiel durch den englischen Seesieg über die spanische Armada 1588. Ihr politischer Erfolg wurde begleitet von einem Aufschwung des geistigen Lebens (Marlowe, ↑ Shakespeare), der auch noch später dem elisabethanischen Zeitalter einen verklärenden Glanz verlieh.

*Literatur:* Günther Lottes, *Elisabeth I.* (1981). – Herbert Nette, *Elisabeth I.* (4. Aufl. 1996). – John E. Neale, *Elisabeth I.* (1999). – Jasper Ridley, *Elisabeth I.* (1999).

# William Shakespeare

Englischer Dramatiker; geb. 26.4.1564 (Taufdatum) Stratford-upon-Avon,
gest. 23.4.1616 Stratford-upon-Avon

Viel wissen wir nicht von Shakespeares Leben, obwohl er weithin als der größte Dramendichter aller Zeiten gilt. Fest steht wohl, daß sein Vater, ein Handschuhmacher, in mäßigem Wohlstand lebte und ihm den Besuch der örtlichen Lateinschule ermöglichte. Shakespeare heiratete mit 18 Jahren die acht Jahre ältere Ann Hathaway und hatte mit ihr bis 1585 drei Kinder. Erst 1592 sehen wir ihn wieder, nun in London, wo er ab 1594 als Schauspieler und Stückeschreiber zur Theatertruppe der Chamberlain's Men (ab 1603 King's Men) gehörte. Bis 1598 verfaßte er bereits eine Reihe erfolgreicher Dramen, darunter *Richard III.*, *Romeo und Julia*, *Ein Sommernachtstraum* und *Der Kaufmann von Venedig*. Bald zog die Truppe vom Londoner Stadtteil Shoreditch an das Südufer der Themse, wo sie sich das Globe Theatre baute. Dort wurden *Heinrich V.* und *Julius Caesar* uraufgeführt. Shakespeare war Teilhaber des Theaters und konnte von den Erlösen Häuser und Ländereien in Stratford erwerben. Nach der Thronbesteigung des Stuartkönigs Jakob I. 1603 schrieb er die großen Tragödien *Hamlet*, *Othello*, *König Lear* und *Macbeth*. 1608 kaufte Shakespeares Truppe ein Theater im Zentrum Londons. Für diese neue Bühne schrieb er unter anderem *Ein Wintermärchen*. Spätestens 1612 zog er sich in seinen Heimatort zurück, wo er nach seinem Tod in der Trinity Church beigesetzt wurde. Shakespeare hat insgesamt 37 Bühnenstücke verfaßt, darunter auch viele Komödien, außerdem über 150 Sonette und zwei Versepen. Die Fruchtbarkeit seiner dichterischen Einbildungs- und Empfindungskraft, die Vielschichtigkeit seiner Personen, sein immenser Sprachreichtum und die Ausweitung seiner Stoffe auf universell-philosophische Fragen haben seinen Stücken eine bis heute andauernde Popularität gesichert.

*Literatur:* Hans-Dieter Gelfert, *Shakespeare* (2000). – Reiner Poppe, *William Shakespeare* (2000). – Park Honan, *Shakespeare* (2001). – Alan Posener, *William Shakespeare* (2001).

# Galileo Galilei

Italienischer Mathematiker und Astronom; geb. 15.2.1564 Pisa,
gest. 8.1.1642 Arcetri (bei Florenz)

Galilei gilt als der Begründer der experimentellen Physik. Sohn
eines Komponisten und Musikers, ging er mit 17 Jahren zum
Medizinstudium nach Pisa und begann sich dort für Mathematik und Physik zu interessieren. Angesichts einer in der Kathedrale schwingenden Lampe erkannte er die Verwendbarkeit des
Pendels in der Uhr. Als er 1586 in Florenz eine hydrostatische
Waage baute, machte ihn diese Erfindung bekannt, und er erhielt 1589 eine Professur für Mathematik in Pisa. Daß er dort
wirklich am Schiefen Turm Fallversuche anstellte, ist unwahrscheinlich. 1592 wechselte er nach Padua über, wo er in seiner
feinmechanischen Werkstätte die Gesetze für das Fadenpendel
fand und diejenigen des freien Falls erdachte. Durch ein selbstkonstruiertes Fernrohr entdeckte er Krater auf dem Mond, die
Phasen der Venus, die vier größten Jupitermonde und die Saturnringe, worüber er in seiner Schrift *Sidereus Nuncius* (Sternenbotschaft, 1610) berichtete. Im gleichen Jahr kehrte er als
Hofmathematiker nach Florenz zurück. Als er aufgrund seiner
Entdeckungen öffentlich das Weltbild des ↑Kopernikus gegen
das aristotelisch-ptolemäische vertrat, wurde seine Lehre 1616
von der Kirche verboten. Er veröffentlichte daraufhin nichts
mehr bis 1632, als in Florenz sein *Dialogo* (Dialog über die beiden hauptsächlichen Weltsysteme) erschien. Da er darin deutlich für Kopernikus Partei ergriff, kam es zum Prozeß vor der
Inquisition. Ohne gefoltert worden zu sein, schwor er 1633 seinem «Irrtum» ab. Der legendäre Ausspruch «Eppur' si muove!» (Und sie bewegt sich doch!) wurde ihm wohl erst später
zugeschrieben. Seit 1637 erblindet, verbrachte er seine letzten
Jahre im Hausarrest in seinem Landhaus bei Florenz. Sein Verdienst ist es, die Grundlage für die zu ↑Newton hinführende
naturwissenschaftliche Entwicklung geschaffen zu haben.

*Literatur:* Albrecht Fölsing, *Galileo Galilei* (2.Aufl. 1989). – Johannes
Hemleben, *Galileo Galilei* (15.Aufl. 1997). – Stillman Drake, *Galilei*
(1999). – James Reston, *Galileo Galilei* (1999).

# René Descartes

Französischer Philosoph, Mathematiker und Naturwissenschaftler;
geb. 31.3.1596 La Haye (heute Descartes, bei Tours), gest. 11.2.1650 Stockholm

Descartes steht am Beginn der neuzeitlichen Philosophie. Obwohl er ein begnadeter Mathematiker und hervorragender Physiker war, ruht sein bleibender Ruhm vor allem darauf, daß er die Traditionen der überkommenen Philosophie verwarf und letztere durch die ausschließliche Betonung der Autonomie des Individuums auf eine neue Grundlage stellte. Einer niederen Adelsfamilie der Touraine entstammend, besuchte er 1606 bis 1612 das Jesuitenkolleg in La Flèche und studierte bis 1616 Jura in Poitiers. Danach verbrachte er mehrere Jahre als Soldat, erst im Heer Moritz' von Nassau in den Niederlanden, wo er dem Mathematiker Isaac Beeckman begegnete, und dann im Dienst Maximilians von Bayern. Nach mehreren Reisejahren folgte ab 1625 ein Aufenthalt in Paris. 1628 übersiedelte er nach Holland. Dort verfaßte er die Werke, die ihn berühmt machten, allen voran seinen *Discours de la méthode* (Abhandlung über die Methode, 1637). Hierin forderte er die Beachtung von vier Erkenntnisregeln anstelle der blinden Übernahme überkommener Denkinhalte: Nur klar Erkanntes sei als wahr zu akzeptieren; Probleme seien durch systematische Aufteilung zu lösen; vorzugehen sei vom Einfachen zum Komplizierteren; und alles müsse jeweils gründlich überprüft werden. Da er dadurch die Erkenntnis auf die Denkfähigkeit des Individuums konzentrierte, mußte er dessen Existenz gewiß werden, was ihm gelang durch die Einsicht «Cogito ergo sum» (Ich denke, also bin ich). In seinen *Meditationes* (Meditationen, 1641) führte er diese Gedanken weiter aus. In den *Principia* (Prinzipien, 1644) versuchte er, seine philosophischen und naturwissenschaftlichen Ideen in ein umfassendes System zu binden. 1649 lud ihn die schwedische Königin Christine nach Stockholm ein, und er lebte an ihrem Hof, bis er nach einigen Monaten einer Erkältungskrankheit erlag.

*Literatur:* Dominik Perler, *René Descartes* (1998). – Rainer Specht, *René Descartes* (8. Aufl. 1998). – Tom Sorell, *Descartes* (1999). – Uwe Schultz, *Descartes* (2001).

# Oliver Cromwell

Englischer Politiker; geb. 25.4.1599 Huntingdon, gest. 3.9.1658 London

Cromwell, eine der auffälligsten Herrschergestalten der neueren Geschichte, entstammte niederem englischem Landadel. Die Auflösung des Unterhauses 1629 durch den Stuartkönig Karl I. machte ihn zum strengen Puritaner. Ab 1640 Mitglied des «Langen Parlaments», organisierte er bei Ausbruch des Bürgerkriegs das Parlamentsheer, darunter die reitenden «Ironsides» (Eisenseiten), und siegte mit ihnen über die königlichen «Cavaliers» bei Marston Moor 1644 und Naseby 1645.

Von da an war er unbestrittener Führer der radikalen Independenten. Er entriß den gemäßigteren Presbyterianern 1647 den inzwischen gefangen genommenen König, vertrieb sie aus dem Unterhaus und ließ das Rumpfparlament 1649 Karl I. enthaupten. Als Vorsitzender des Staatsrats des «Commonwealth of England» besiegte er die aufständischen Iren und Schotten. 1653 trieb er das widerspenstige Parlament auseinander und regierte danach als «Lord Protector» mehr oder weniger diktatorisch. Er errang außenpolitische Erfolge gegen die Niederlande sowie Spanien und führte Reformen im Rechts- und Erziehungswesen durch. Die unter ihm 1651 verabschiedete Navigationsakte begründete die merkantilistische Abschottung des britischen Kolonialreichs. Nach ihrer Rückkehr an die Macht 1660 hingen die Königlichen seinen wieder ausgegrabenen Leichnam am Galgen auf, dennoch hat seine puritanische Gestaltung des öffentlichen Lebens in England nachhaltig weitergewirkt.

*Literatur:* Roger Howell, *Cromwell* (1981). – Heinz Kathe, *Oliver Cromwell* (1984). – Karl Heinz Metz, *Oliver Cromwell* (1993).

# John Locke

Englischer Philosoph; geb. 29.8.1632 Wrington (bei Bristol),
gest. 28.10.1704 Oates (Essex)

Locke, mit dem die Philosophie der Aufklärung beginnt, wuchs
in einem dem Puritanismus zugeneigten Elternhaus auf. Er studierte Medizin und Naturwissenschaften in Oxford und unterrichtete dort noch eine Zeitlang als Dozent. 1667 wurde er Sekretär und Arzt des späteren Lordkanzlers Earl of Shaftesbury.
Nachdem er sich wegen seines Asthmas 1675 bis 1679 in
Montpellier und Paris aufgehalten hatte, fand er bei seiner
Rückkunft Shaftesbury in politischen Schwierigkeiten. Er zog
es deshalb 1683 vor, nach Holland auszuweichen und blieb
dort, bis er beim Regierungsantritt Wilhelms von Oranien 1689
nach England zurückkehren konnte. In seinen letzten Jahren
bekleidete er einige öffentliche Ämter, darunter das eines Mit-
glieds des Board of Trade and Plantations, der 1696 zur Verwaltung des Kolonialreichs eingerichtet wurde. Als Philosoph
und Politiktheoretiker hatte er enormen Einfluß auf die Geschichte der Neuzeit. Durch sein erkenntnistheoretisches
Hauptwerk *Essay Concerning Human Understanding* (Über
den menschlichen Verstand, 1689) wurde er zum Begründer des
Empirismus. Im Gegensatz zu ↑ Descartes, der glaubte, daß einige Bewußtseinsinhalte dem Menschen eingeboren seien, ver-
tritt er die These, daß die Seele zunächst vollständig leer ist und
alle Bewußtseinsinhalte («ideas») aus äußeren Sinneswahrneh-
mungen stammen. Im zweiten seiner *Two Treatises of Govern-
ment* (Zwei Abhandlungen über die Regierung, 1690) stellte er
sich gegen die Auffassung von der Gottgegebenheit des Herr-
schers und postulierte die Selbstbestimmung des Volkes, das
sich eines Tyrannen entledigen darf. Er hat damit die Rechtfer-
tigung für die sich gegen die Feudalherrschaft richtenden Revo-
lutionen der Neuzeit geliefert und das Bild des bürgerlich-libe-
ralen Verfassungsstaates entscheidend mitgeprägt.

*Literatur:* Rainer Specht, *John Locke* (1989). – Walter Euchner, *John Locke
zur Einführung* (1996). – Udo Thiel, *John Locke* (2. Aufl. 2000).

# Ludwig XIV.

König von Frankreich; geb. 5.9.1638 Saint-Germain-en-Laye,
gest. 1.9.1715 Versailles

Die Regierung Ludwigs XIV. symbolisiert bis heute das absolutisti-
sche Herrschertum. Der Bourbone
kam fünfjährig auf den französischen Thron und übernahm 1661
die Leitung des Staats. Sein Ziel
war es, sich unbeschränkte Macht
zu verschaffen und zugleich Frankreich zur Vorrangstellung in Europa zu führen. Zwar hat er wohl
nicht den ihm nachgesagten Ausspruch «L'état, c'est moi» (Der
Staat bin ich) getan, doch kenn-
zeichnet der Satz treffend seinen
Machtanspruch. Dieser äußerte
sich in der Ablösung der feudalen
Strukturen durch ein königliches
Verwaltungssystem, in der merkantilistischen Steuerung der
Wirtschaft durch seinen Minister Colbert, in der Wiederherstellung der Religionseinheit durch die Verfolgung der Huge-
notten und nicht zuletzt in dem schon 1661 begonnenen
Schloßbau von Versailles. Der verschwenderische Glanz des
1682 aus dem Louvre dorthin umgezogenen Hofes, dessen
strahlender Mittelpunkt er als der «Roi Soleil» (Sonnenkönig)
war, spiegelte nicht nur die fortgeschrittene Zentralisierung des
Landes wider, sondern diente auch der Entmachtung des zur
Hofpräsenz verpflichteten Adels. Eine Serie von Eroberungs-
kriegen brachten Ludwig zwar einigen Gebietsgewinn, doch
riefen sie den Widerstand der europäischen Mächte heraus, der
ihn im Spanischen Erbfolgekrieg (1701–1714) in seine Grenzen
verwies. Schließlich hinterließ er ein wirtschaftlich zerrüttetes
Land, dessen Menschen seinen Sarg mit Steinen bewarfen.

*Literatur:* Philippe Erlanger, *Ludwig XIV.* (3. Aufl. 1987). – Klaus Malett-
ke, *Ludwig XIV. von Frankreich* (1994). – Olivier Bernier, *Ludwig XIV.*
(1998). – Bernd-Rüdiger Schwesig, *Ludwig XIV.* (4. Aufl. 1998).

# Peter I. der Große

Russischer Zar; geb. 9.6.1672 Moskau, gest. 8.2.1725 St. Petersburg

Der machthungrige und ungestüme Peter faßte schon früh den Entschluß, die internationale Stellung seines Landes durch die Übernahme westlicher Methoden und Institutionen zu stärken. Er wurde 1696 Alleinherrscher, als sein schwachsinniger Halbbruder Iwan V. starb. Seine konkurrierende Halbschwester Sophia hatte er schon zuvor ins Kloster geschickt. Um neue Militär-, Manufaktur- und Marinetechniken kennenzulernen, unternahm er 1697 die berühmte, inkognito durchgeführte Reise in die Niederlande und nach England, wo er, zwei Meter groß und kräftig, auch gelegentlich auf den Schiffswerften mitarbeitete. Ein Aufstand der Elitetruppe der Strelitzen in Moskau erzwang 1698 seine vorzeitige Rückkehr. In den Nordischen Krieg hineingezogen, konnte er nach der schweren Niederlage 1700 bei Narwa gegen die Schweden diese dann 1709 bei Poltawa entscheidend schlagen, so daß er im Frieden von Nystadt 1721 das östliche Baltikum gewann. Ein Feldzug gegen die Perser brachte 1723 zusätzlich mehrere Provinzen am Kaspischen Meer in russische Hand. Um die Kräfte seines Landes zu mobilisieren, griff er reformerisch in dessen soziales Gefüge ein. Die Bauernschaft wurde mit einer Kopfsteuer belegt und dem Adel ausgeliefert, die Barttracht wurde abgeschafft. Auf eine Städtereform 1699 folgte ab 1708 eine Gouvernementsordnung und 1721 eine Kirchenreform. 1700 wurde der Julianische Kalender eingeführt, 1710 die kyrillische Schrift vereinfacht, 1724 die Akademie der Wissenschaften gegründet. Die spektakulärste Neuerung war die Verlegung des Hofes 1711 in das 1703 gegründete St. Petersburg, mit dem Rußland einen Zugang zur Ostsee erhielt. 1721 nahm Peter schließlich den Kaisertitel an. Visionär und gewalttätig, doch persönlich bescheiden, hat er in rastloser Anstrengung sein Reich zu europäischer Geltung geführt.

*Literatur:* Erich Donnert, *Peter der Große* (1989). – Reinhold Neumann-Hoditz, *Peter der Große* (4. Aufl. 1996). – Henry Vallotton, *Peter der Große* (1996). – Robert K. Massie, *Peter der Große* (1997).

# Isaac Newton

Englischer Mathematiker und Physiker;
geb. 4.1.1643 Woolsthorpe (Lincolnshire), gest. 31.3.1727 London

Newton war der Begründer der klassischen theoretischen Physik und damit der exakten Naturwissenschaften überhaupt. Sein Vater, ein Landwirt, starb schon vor Isaacs Geburt, doch er konnte an der Universität Cambridge studieren. Als die Vorlesungen 1666 wegen der Pest ausgesetzt wurden, entwickelte er zu Hause bahnbrechende theoretische Ansätze über die Natur des Lichtes, die Schwerkraft und die Planetenbewegung. 1669 berief ihn die Universität Cambridge als Nachfolger seines Lehrers Isaac Barrow zum Professor der Mathematik. Sein Ruhm beruht vor allem auf seinem Hauptwerk *Philosophiae naturalis principia mathematica* (Mathematische Prinzipien der Naturlehre, 1687), worin er seine Bewegungslehre, seine Gezeitentheorie und vor allem die Gravitationstheorie ausführlich darlegte. Mit letzterer zeigte er, daß seine Bewegungsgleichung im Falle der Bewegung eines Planeten um die Sonne die Gesetze des Astronomen Johann Kepler bestätigt. Die Anwendung seiner theoretischen Mechanik auf die Himmelskörper begründete somit das moderne Verständnis von deren Bewegung. Schon 1671 hatte er, unabhängig von Leibniz, die Differential- und Integralrechnung entwickelt, und auch auf dem Gebiet der Optik betätigte er sich scharfsinnig. 1703 wählte man ihn zum Präsidenten der Royal Society, und 1705 wurde er geadelt. Er liegt in Westminster Abbey begraben.

*Literatur:* Ivo Schneider, *Isaac Newton* (1988). – Johannes Wickert, *Isaac Newton* (1995). – Richard S. Westfall, *Isaac Newton* (1996).

# Johann Sebastian Bach

Komponist; geb. 21.3.1685 Eisenach, gest. 28.7.1750 Leipzig

Zu seinen Lebzeiten stufte man Bachs Musik als altmodisch und zu schwierig ein, und nach seinem Tod vergaß man ihn bald. Erst Ende des 18. Jahrhunderts begann seine Wiederentdeckung, und man erkannte den barocken Musikschöpfer allmählich als einen der größten Komponisten überhaupt. Mit zehn Jahren Waise, hatte er 1700 ein Stipendium an der Michaelisschule in Lüneburg erhalten. 1703 wurde er Organist in Arnstadt und 1707 an St. Blasius im thüringischen Mühlhausen, was ihm die Heirat mit seiner Kusine Maria Barbara Bach ermöglichte. 1708 stellte ihn der Weimarer Hof an, zunächst als Organist und Kammermusiker, ab 1714 als Konzertmeister mit der Verpflichtung, Kantaten zu komponieren. Von 1717 bis 1723 war er am Hof des Fürsten von Anhalt-Köthen tätig, wo er nach dem Tod seiner ersten Frau nochmals heiratete. Dann erreichte er die Position, die man noch heute mit seinem Namen verbindet: Er wurde Thomaskantor und Musikdirektor in Leipzig. Renommiert als hervorragender Orgelvirtuose, spielte er 1747 auch vor ↑Friedrich II. dem Großen in Potsdam. Aber sein heutiger Ruhm gründet sich auf sein riesiges und mannigfaltiges Kompositionsœuvre, darunter die sechs *Brandenburgischen Konzerte* (1721), die *Goldberg-Variationen* (1742), *Die Kunst der Fuge* (1742), das *Magnificat* (1723) sowie die *Johannespassion* (1724) und die *Matthäuspassion* (1729). Er schrieb über 200 Kantaten und eine kaum zu überblickende Zahl von Konzerten, Sonaten, Partiten, Oratorien, Präludien, Fugen, Messen und Motetten. Die *h-moll-Messe* (1733/1748), vielleicht sein bekanntestes Werk, schuf er, selbst Protestant, für den katholischen sächsischen Kurfürstenhof. Fruchtbar auch in anderer Hinsicht, hat er mit seinen beiden Ehefrauen insgesamt 20 Kinder gehabt, von denen vier Söhne ebenfalls bedeutende Komponisten wurden.

*Literatur:* Klaus Eidam, *Das wahre Leben des Johann Sebastian Bach* (2000). – Malte Korff, *Johann Sebastian Bach* (2000). – Christoph Wolff, *Johann Sebastian Bach* (2000). – Martin Geck, *Bach* (2001).

# Voltaire

Französischer Schriftsteller und Philosoph; geb. 21.11.1694 Paris,
gest. 30.5.1778 Paris

Die Breite und Vielseitigkeit des literarischen Werks Voltaires
erstaunt uns noch heute. Er hieß eigentlich François Marie
Arouet und war der Sohn eines wohlhabenden Notars. Zwar
besuchte er das Pariser Jesuitenkolleg Louis-le-Grand, doch
gewann er schon früh Zugang zu freigeistigen Zirkeln. Spott-
verse auf den Regenten trugen ihm 1717 ein Jahr Haft in der
Bastille ein. Dort schrieb er Œdipe (1718), die erste seiner insgesamt 27 Tragödien, sowie sein Nationalepos La Henriade
(1723). Sich nun Voltaire nennend, entging er einer zweiten Inhaftierung, diesmal wegen eines Ehrenhandels, durch einen
Aufenthalt 1726 bis 1729 in England. Die Begegnung mit der
dortigen Aufklärung, mit dem Geist ↑ Newtons und ↑ Lockes,
schlug sich nieder in seinen Lettres philosophiques (1733), in
denen er die französischen Zustände durch Gegenüberstellung
mit den britischen scharf kritisierte. Er hielt es dann für ratsam,
sich auf das Schloß Cirey der Marquise de Châtelet in der
Champagne zurückzuziehen, wo er sich mit Religion, Geschichte und Naturwissenschaft befaßte. 1750 folgte er einer
Einladung ↑ Friedrichs II. des Großen nach Potsdam, doch
trennte er sich von ihm 1753 im Streit. 1754 ging er nach Genf
und ließ sich 1758 schließlich im nahen, aber französischen
Ferney nieder. Ungeheuer produktiv – allein seine Korrespondenz füllt heute mehrere Dutzend Druckbände –, focht er uner-
müdlich gegen Despotismus und Aberglauben. Als Deist erkannte er Gott als den Urheber dieser Welt, kämpfte aber er-
bittert gegen die Kirche als die Inkarnation von Ungerechtigkeit
und Intoleranz. Als Historiker wirkte er quellenkritisch bahn-
brechend, etwa in seiner Geschichte ↑ Ludwigs XIV. (1751)
oder dem Essai sur les mœurs (Über die Sitten der Nationen,
1756). Geistvoll und ironisch, dabei hochengagiert mit allen
seinen Mitteln für den Sieg der Vernunft streitend, war er der
brillanteste aller Aufklärer.

*Literatur:* Alfred J. Ayer, *Voltaire* (1994). – Horst Günther, *Voltaire* (1994).
– Jean Orieux, *Das Leben des Voltaire* (1994). – Georg Holmsten, *Voltaire*
(12. Aufl. 1996).

# Maria Theresia

Habsburgische Kaiserin; geb. 13.5.1717 Wien, gest. 29.11.1780 Wien

Genau betrachtet, war Maria Theresia lediglich Erzherzogin von Österreich sowie Königin von Böhmen und von Ungarn. Als Kaiserin wurde sie nur ab 1745 bezeichnet, als ihr Gemahl, Herzog Franz Stephan von Lothringen, zum deutschen Kaiser gekrönt wurde. Die Regierungsgeschäfte in den habsburgischen Erblanden führte jedoch seit dem Tod ihres Vaters, Kaiser Karls VI., im Jahre 1740 eindeutig sie selbst. Allerdings mußte sie ihren schon 1713 festgelegten Erbanspruch in verschiedenen Kriegen verteidigen. Ihr Hauptgegner, der preußische König ↑ Friedrich II., vermochte ihr schließlich im Siebenjährigen Krieg Schlesien endgültig zu entreißen, aber ansonsten konnte sie, assistiert von Staatskanzler Fürst Kaunitz, ihr Gebiet behaupten und in der ersten Teilung Polens 1772 Galizien und später die Bukowina hinzugewinnen. Im Inneren verwandte sie, gut beraten von ihrem Minister Graf Haugwitz, ihre große Tatkraft auf die Verbesserung der Verwaltung, die Hebung der Finanzen und die Schaffung eines tüchtigen Heeres. Sie gründete Volksschulen, förderte die Landwirtschaft, beendete die Folter und ließ 1768 ein neues Strafgesetzbuch herausgeben. Nach dem Tod Franz Stephans 1765 wurde ihr ältester Sohn als Kaiser Joseph II. ihr Mitregent. Politisch versiert, aber fromm und mütterlich – sie brachte 16 Kinder zur Welt –, war sie eine der volkstümlichsten deutschen Herrschergestalten.

*Literatur:* Peter Berglar, *Maria Theresia* (4. Aufl. 1993). – Franz Herre, *Maria Theresia* (1994). – Heinz Rieder, *Maria Theresia* (1999). – Edwin Dillmann, *Maria Theresia* (2000).

# Friedrich II. der Große

Preußischer König; geb. 24.1.1712 Berlin, gest. 17.8.1786 Potsdam

Als König errang Friedrich für Preußen Großmachtgeltung, was seinen Vater, den preußischen Soldatenkönig Friedrich Wilhelm I., aufs höchste erstaunt hätte. Während der Vater auf strenger militärischer Erziehung bestand, interessierte sich Friedrich für französische Literatur und Flötenspiel. Ein Fluchtversuch 1730 endete mit der Hinrichtung seines Freundes Katte. Allmählich söhnte Friedrich sich allerdings mit seinem Vater aus und übernahm nach dessen Tod 1740 die Regierung. Auch er beharrte darauf, nunmehr im Sinne eines aufgeklärten Absolutismus, daß alle Gewalt vom Monarchen ausgehe.

Seine erste wichtige Aktion unternahm er in der Außenpolitik. Als ↑ Maria Theresia in Österreich die Regierung antrat, marschierte Friedrich in Schlesien ein. Erst nach drei Kriegen, wobei im letzten, dem Siebenjährigen, sein Staat fast untergegangen wäre, konnte er seine Eroberung behaupten. In der Teilung Polens 1772 erwarb er noch Westpreußen und das Ermland. Danach widmete er sich vor allem der Wirtschaft und der Verwaltungserneuerung und veranlaßte weitgreifende Reformen im Militär-, Justiz- und Bildungsbereich. Allerdings ließ er seinen Untertanen durch die starre Beibehaltung der überkommenen Ständeordnung wenig Raum zur Entfaltung eigener Initiativen. Seine letzten Lebensjahre verbrachte er in skeptischer und zynischer Einsamkeit. Trotzdem wurde er, schon seit 1745 gelegentlich «der Große» genannt, von der Nachwelt zur legendären Gestalt («Alter Fritz») verklärt.

*Literatur:* George Peabody Gooch, *Friedrich der Große* (10. Aufl. 1992). – Christian Graf von Krockow, *Friedrich der Große* (2. Aufl. 1994). – Theodor Schieder, *Friedrich der Große* (1998). – Christopher Duffy, *Friedrich der Große* (2001).

# Wolfgang Amadeus Mozart

Komponist; geb. 27.1.1756 Salzburg, gest. 5.12.1791 Wien

Mozart schrieb Musik in allen damals verbreiteten Gattungen und Stilen, von einfachster Gebrauchs- über galante Gesellschaftsmusik bis hin zu Werken von höchster Vollendung und Spiritualität. Er komponierte für die Kirche, für das Theater, für den Konzertsaal ebenso wie für die «Kammer» des Adels und das bürgerliche Haus. Seine technische Perfektion und die Fülle seiner Ausdrucksmöglichkeiten machten ihn zum wahrscheinlich vielseitigsten Komponisten, der je lebte. Sohn des Salzburger erzbischöflichen Hofmusikers Leopold Mozart, zeigte er früh außerordentliches musikalisches Talent und wurde vom Vater schon vor seinem zehnten Lebensjahr nach München, Wien, Paris, London und Den Haag geführt, wo er und seine Schwester Anna (Nannerl) bei Hofe und in öffentlichen Akademien konzertierten. Mit 13 Jahren hatte er bereits Sinfonien, Sonaten, Konzerte und zwei Opern komponiert. Drei Italienreisen (1769–1773) halfen, seinen Dramenstil zu formen. Seit 1769 in Salzburg als Hofkonzertmeister tätig, floh er 1777 aus der dortigen Enge und suchte, mit seiner Mutter durch Europa reisend, anderwärtig Anstellung. 1778 bis 1781 arbeitete er nochmals in Salzburg und ging dann nach Wien, wo er 1782 heiratete, mehrere Kinder hatte und bis zu seinem Tode blieb. Nicht allen seinen Stücken war sofort Erfolg beschieden, und die Familie befand sich fast dauernd in Geldnot. Auch fühlte sich Mozart lange von seinem Konkurrenten Antonio Salieri verfolgt. Doch sein Schaffen erreichte hier zweifellos seinen Höhepunkt. Die Opern *Die Hochzeit des Figaro* (1786) und *Don Giovanni* (1787) brachten ihm die Ernennung zum Hofkomponisten Kaiser Josephs II., und die *Zauberflöte* (1791) wurde vom Publikum begeistert aufgenommen. Insgesamt schrieb er über 600 Kompositionen, darunter 41 Sinfonien. Er starb bei der Arbeit an einem Requiem.

*Literatur:* Wolfgang Hildesheimer, *Mozart* (12. Aufl. 1994). – Maria Publig, *Mozart* (1995). – Fritz Hennenberg, *Wolfgang Amadeus Mozart* (6. Aufl. 2000). – Konrad Küster, *Wolfgang Amadeus Mozart* (2001).

# Maximilien de Robespierre

Französischer Revolutionär; geb. 6.5.1758 Arras, gest. 28.7.1794 Paris

Robespierre, der die Französische Revolution wie kein anderer verkörperte, gilt noch heute den einen als blutrünstiger Tyrann, den anderen als prinzipienfester Patriot. Einst Stipendiat des renommierten Jesuitenkollegs Louis-le-Grand in Paris, ließ er sich nach Jurastudien 1781 in seiner Heimatstadt Arras als Rechtsanwalt nieder. Er erwarb sich den Ruf eines Fürsprechers der Armen vor Gericht und wurde 1789 als Vertreter des Dritten Standes in die erstmals seit 1614 wieder zusammentretenden États-Généraux (Generalstände) nach Paris entsandt. Hier und später in der Konstituante, der verfassungsgebenden Nationalversammlung, trat er in zahlreichen Reden für die Demokratie ein, wodurch er viele Freunde gewann, aber auch nicht wenige Gegner. Führendes Mitglied der radikalen Jakobiner, wurde er jedenfalls bald aufgrund seiner bescheidenen Lebensführung und seines Eintretens für das einfache Volk als der «Unbestechliche» bekannt. Der Gegensatz zu den gemäßigteren Girondisten wuchs jedoch, als er den 1792 beginnenden Krieg gegen Preußen und Österreich mißbilligte sowie die Absetzung König Ludwigs XVI. und schließlich dessen Hinrichtung betrieb. Als Führer der radikalen Montagnards (Bergpartei) offenbarte er immer deutlicher seine Absicht, «la vertu» (die Tugend) in der Gesellschaft notfalls auch durch blutigen Terror durchzusetzen. Seit Juli 1793 gewann er durch seine Mitgliedschaft im regierenden Wohlfahrtsausschuß eine fast unumstrittene Machtstellung. So konnte er im Frühjahr 1794 seine Widersacher Jacques-René Hébert und Georges Danton hinrichten lassen und im Juni zur Festigung seiner Herrschaft den Kult des Höchsten Wesens einführen. Seine Schreckensherrschaft einigte jedoch seine Feinde, und der Konvent stürzte ihn am 27. Juli 1794 (9. Thermidor des Jahres II im Revolutionskalender). Am folgenden Tag wurde er guillotiniert.

*Literatur:* Jean Massin, *Robespierre* (3. Aufl. 1974). – Max Gallo, *Robespierre* (1989). – Friedrich Sieburg, *Robespierre* (1989).

# Katharina II. die Große

Russische Kaiserin; geb. 2.5.1729 Stettin, gest. 17.11.1796 Zarskoje Selo

Sophie Friederike Auguste von Anhalt-Zerbst stammte aus wenig bedeutendem deutschen Adel. Doch sie wurde 1744 nach Rußland gerufen und dort im Jahr darauf nach ihrer Konversion zur Orthodoxie als Katharina mit dem russischen Thronfolger vermählt. Mit ihrem Wissen wurde Peter III. schon wenige Monate nach seinem Regierungsantritt 1762 durch Gardeoffiziere gestürzt. An seiner anschließenden Ermordung war sie wohl nicht beteiligt, doch ließ sie sich selbst zur Kaiserin ausrufen. Intelligent, energisch und herrschsüchtig, war sie wenig schön, aber sehr sinnlich. Von ihren zahlreichen Liebhabern gewann indes lediglich der Höfling Potjomkin einigen Einfluß auf ihre Politik. Sie stützte sich hauptsächlich auf den Adel, dem sie 1785 seine Privilegien bestätigte und die Leibeigenen noch stärker unterordnete. Schon Mitte der 1770er Jahre hatte sie den großen, von Pugatschow geführten Kosaken- und Bauernaufstand blutig unterdrückt. Andererseits war sie nicht ohne aufklärerische Neigungen, korrespondierte mit führenden Geistern der Zeit und hatte Diderot zeitweilig an ihrem Hofe zu Gast. Schon früh ließ sie zur Auffüllung der Staatskasse die Kirchengüter säkularisieren. Durch zwei Kriege gegen die Türkei gewann sie die Krim und die Nordküste des Schwarzen Meeres, obendrein wurde Rußland durch die Teilungen Polens, zuletzt 1795, Nachbar Preußens und Österreichs. In der Nachfolge ↑Peters I. des Großen etablierte sie auf diese Weise ihr Land endgültig als europäische Großmacht.

*Literatur:* Isabel de Madariaga, *Katharina die Große* (1997). – Vincent Cronin, *Katharina die Große* (3. Aufl. 1998). – Erich Donnert, *Katharina II. die Große* (1998). – Reinhold Neumann-Hoditz, *Katharina II. die Große* (7. Aufl. 2000).

# George Washington

Amerikanischer General und Staatsmann; geb. 22.2.1732 Wakefield (Virginia),
gest. 14.12.1799 Mount Vernon (Virginia)

Washingtons Verdienste um die Gründung der amerikanischen Nation und seine persönliche Integrität ließen ihn schon zu Lebzeiten zum Nationalhelden werden. Er war der Sohn eines sklavenbesitzenden virginischen Pflanzers und erbte 1752 das Gut Mount Vernon südlich der heutigen amerikanischen Hauptstadt. Ab 1754 kämpfte er im aufkommenden Siebenjährigen Krieg als Milizoffizier gegen die Franzosen und Indianer. Das Kolonieparlament Virginias, dem er seit 1759 angehörte, entsandte ihn als Delegierten in den vor der Revolution in Philadelphia zusammentretenden Kontinentalkongreß. 1775 ernannte dieser ihn zum Oberbefehlshaber der amerikanischen Revolutionstruppen. Er operierte im Unabhängigkeitskrieg mit wechselndem Glück, konnte aber schließlich mit französischer Hilfe die britische Hauptarmee 1781 bei Yorktown in Virginia zur Kapitulation zwingen. Danach zog er sich zunächst nach Mount Vernon zurück, trug aber 1787 als Präsident des Verfassungskonvents durch sein hohes Ansehen wesentlich zur Annahme der dort ausgearbeiteten Verfassung bei. 1789 wurde er vom Wahlmännerkollegium einstimmig zum ersten Präsidenten der Vereinigten Staaten gewählt und 1792 wiedergewählt. Des Beispielcharakters seiner Regierung bewußt, bemühte er sich erfolgreich um Festigung der Bundesautorität gegenüber den Einzelstaaten, Wahrung der amerikanischen Neutralität angesichts der europäischen Wirren und Etablierung der Würde seines Amtes.

*Literatur:* John R. Alden, *George Washington* (New York, 1995). – Josef-Thomas Göller, *George Washington* (1998). – Franz Herre, *George Washington* (1999).

# Immanuel Kant

Philosoph; geb. 22.4.1724 Königsberg, gest. 12.2.1804 Königsberg

Mit Kant begann eine neue Ära der Philosophie. Seine Eltern waren bescheidene Leute, und es war der Pastor ihrer lutherisch-pietistischen Gemeinde, der dem begabten Jungen den Besuch der Lateinschule ermöglichte. 1740 bis 1746 studierte der junge Kant in Königsberg Mathematik und Physik. Danach fristete er sein Dasein als Hauslehrer. 1755 schließlich wurde er in Philosophie promoviert und habilitiert, lehnte aber Rufe nach auswärts ab, bis man ihn 1770 in seiner Heimatstadt zum Professor für Logik und Metaphysik ernannte. Seine Veröffentlichungen hatten ihm bis dahin bereits ein gewisses Renommee eingebracht, doch schwieg er nun über ein Jahrzehnt. 1781 jedoch erschien das Werk, das die Philosophie des Abendlandes auf eine neue Grundlage stellte. In der *Kritik der reinen Vernunft* (1781) baute er eine Brücke zwischen dem sich auf Erfahrung stützenden Empirismus, wie ihn etwa ↑ Locke oder Hume vertreten hatten, und dem vernunftbetonten Rationalismus ↑ Descartesscher Prägung. Durch Auslotung der Grenzen der menschlichen Erkenntnis und Vernunft kam er zu der bahnbrechenden Schlußfolgerung, daß der Mensch nicht «Dinge an sich» zu erfassen vermag, sondern nur Erscheinungen, die der Verstand an sie heranträgt. In seiner *Kritik der praktischen Vernunft* (1788) argumentierte er dann weiterhin, «richtiges Handeln» müsse einem Gesetz der Vernunft entsprechen, dem «kategorischen Imperativ», der lediglich Handeln nach einer Maxime zuläßt, die auch allgemeines Gesetz werden könnte. Kant blieb immer Junggeselle. Nach den pünktlichen Spaziergängen des unauffällig lebenden Mannes, so geht die Anekdote, konnten die Königsberger ihre Uhren stellen. Doch die «kopernikanische Wende», die er durch seine erkenntnistheoretischen Überlegungen in der Philosophie einleitete, begründete seinen Ruhm als einer der größten Denker der Neuzeit.

*Literatur:* Uwe Schultz, *Immanuel Kant* (23. Aufl. 1997). – Günter Schulte, *Immanuel Kant* (1998). – Wolfgang Schlüter, *Immanuel Kant* (1999). – Otfried Höffe, *Immanuel Kant* (5. Aufl. 2000). – Manfred Kuehn, *Kant* (Cambridge, 2001).

# James Watt

Britischer Erfinder; geb. 19.1.1736 Greenock (Schottland),
gest. 19.8.1819 Birmingham

James Watt steht am Beginn der sogenannten Industriellen Revolution. Diese konnte erst stattfinden, als Energie für ihre Maschinen in ausreichendem Maß, das heißt an beliebigen Orten in praktisch unbegrenzter Quantität, zur Verfügung stand. Die herkömmlichen Energiequellen, Wind und Wasserkraft, genügten diesem Erfordernis nicht. Watt war allerdings nicht, wie viele Leute meinen, der Erfinder der Dampfmaschine. Ein arbeitstüchtiges Exemplar war schon 1712 von einem englischen Hufschmied namens Thomas Newcomen konstruiert worden, und viele Nachbauten trieben seither Entwässerungspumpen in Bergwerken an. Doch diese frühen Konstrukte waren wegen ihres enormen Brennstoffbedarfs außerordentlich unwirtschaftlich, und Watt brachte die Wende. Gelernter Instrumentenmacher, arbeitete er von 1755 bis 1766 in einer Werkstatt der Universität Glasgow. Als man ihn bat, eine Dampfmaschine des Newcomen-Typs zu reparieren, kam ihm 1765 der Einfall, den Abdampf durch einen vom Zylinder getrennten und dadurch energiesparenden Kondensator zu kühlen. Dies war der Durchbruch zur Wirtschaftlichkeit. Eine solchermaßen konstruierte direktwirkende Niederdruckdampfmaschine ließ er 1769 patentieren. Finanziell unterstützt durch seinen Partner Matthew Boulton, entwickelte er in den nächsten Jahren dann auch noch das Parallelogramm zur Führung der Kolbenstange, das Planetengetriebe und schließlich den Fliehkraftregler, der die Drehzahl konstant hielt. Er betätigte sich außerdem auf anderen Gebieten. Die international eingeführte Einheit der Leistung (Watt, Kilowatt) wurde nach ihm benannt. Aber seine historische Bedeutung liegt darin, daß er durch die Bereitstellung eines nutzbaren Energielieferanten die Industrialisierung ermöglichte.

*Literatur:* Heinrich Kleinert, *James Watt und die Erfindung der Dampfmaschine* (1930). – L.T.C.Rolt, *James Watt* (London, 1962). – Hans L.Sittauer, *James Watt* (3.Aufl. 1989).

# Napoleon I.

Kaiser der Franzosen; geb. 15.8.1769 Ajaccio (Korsika),
gest. 5.5.1821 Longwood (Sankt Helena)

Napoleon (ursprünglich Napoleone Buonaparte), eines der größten politischen und militärischen Genies der europäischen Geschichte, war ein Produkt der Französischen Revolution. Sein Vater, ein korsischer Advokat, schickte ihn zehnjährig zur Kadettenausbildung auf das französische Festland. Aktiv in der 1789 ausbrechenden Revolution, wurde Napoleon Ende 1793 zum Brigadegeneral und nach Niederschlagung eines royalistischen Aufstands in Paris 1796 zum Oberbefehlshaber der Italienarmee ernannt. Siege in der Poebene über österreichische Heere brachten ihm militärischen Ruhm, der auch durch das Scheitern einer Expedition nach Ägypten 1798/99 kaum getrübt wurde. Vielmehr brachte ihm ein Staatsstreich im November 1799 den Titel eines Ersten Konsuls und die alleinige Macht in Frankreich ein. 1804 konnte er sich in Notre-Dame zu Paris in Gegenwart von Papst Pius VII. zum Kaiser der Franzosen krönen. Durch ein Konkordat bereinigte er 1801 das französische Verhältnis zur Kurie; mit dem *Code Napoléon* schuf er 1804 eine neue französische Rechtsordnung. Kriege gegen die europäischen Großmächte sahen ihn lange Zeit siegreich, so 1805 bei Austerlitz gegen Rußland und Österreich sowie 1806 bei Jena und Auerstedt gegen Preußen. Sein Rußlandfeldzug 1812 jedoch endete für seine Grande Armée in der Katastrophe, und die Niederlagen in der Völkerschlacht bei Leipzig 1813 und dann bei Waterloo 1815 besiegelten sein Schicksal. Er starb in der Verbannung auf der Insel Sankt Helena im Mittelatlantik.

*Literatur:* Franz Herre, *Napoleon Bonaparte* (3. Aufl. 1989). – Vincent Cronin, *Napoleon* (1997). – André Maurois, *Napoleon* (21. Aufl. 1998). – Roger Dufraisse, *Napoleon* (2. Aufl. 2000).

# Eli Whitney

Amerikanischer Erfinder; geb. 8.12.1765 Westborough (Massachusetts),
gest. 8.1.1825 New Haven (Connecticut)

Von den wichtigen Gründen, Eli Whitneys zu gedenken, hängen
zwei mit seiner Erfindung der «cotton gin» zusammen. Der
technikbegeisterte Sohn eines Farmers in Neuengland nahm
nach dem Abschluß seines Studiums am Yale College eine Stelle als Hauslehrer auf einer Pflanzung in Georgia an. Dort kam
ihm der Gedanke, eine Baumwoll-Entkernungsmaschine zu
konstruieren. Bisher hatte man die kurzfaserige Baumwolle
mühselig in Handarbeit von den anhaftenden Kapseln befreien
müssen, was den Rohstoff zu teuer für eine Massenverwendung
bei der Textilherstellung machte. Whitney baute einen einfachen Apparat, bei dem auf einer Walze angebrachte Haken
durch ein Gitter faßten, hinter das die Rohbaumwolle gehalten
wurde; die Haken griffen die Fasern, während die Kapseln hinter dem Gitter hängen blieben. Er ließ sich diese «cotton
[en]gin[e]» 1794 patentieren. Viel Profit brachte sie ihm allerdings nicht, da sofort Raubkopien in enormer Zahl auftraten.
Diese bewiesen andererseits die Nützlichkeit der Erfindung.
1793 hatte der gesamte amerikanische Süden um die 10 000
Ballen Baumwolle produziert. In den 1820er Jahren waren es
gut eine halbe Million und 30 Jahre später wiederum zehnmal
so viele. Die Welt kleidete sich nunmehr in preisgünstige Baumwolle mit kaum zu überschätzenden Auswirkungen auf Hygie-
ne und Komfort. Freilich hatte dies auch einen anderen Effekt:
Die Sklaverei in den Vereinigten Staaten, Anfang des 19. Jahrhunderts dem Ende nahe, erhielt durch den großen Bedarf an
Arbeitskräften auf den sich ausbreitenden Baumwollplantagen
erneuten, gewaltigen Auftrieb und wurde die Hauptursache für
den amerikanischen Bürgerkrieg. Whitney führte noch andere
Neuerungen ein, so die Serienfertigung von Bauteilen für Indu-
strieprodukte. Seine welthistorische Bedeutung jedoch liegt
zuerst in der Nutzbarmachung der Baumwolle in großem Stil.

*Literatur:* Jeanette Mirsky, *The World of Eli Whitney* (New York, 1952). –
Constance M. Green, *Eli Whitney* (Boston, 1956).

# Thomas Jefferson

Amerikanischer Staatsmann; geb. 13.4.1743 Shadwell (Virginia),
gest. 4.7.1826 Monticello (Virginia)

In den Vereinigten Staaten kennt man Thomas Jefferson vor allem als Verfasser der Unabhängigkeitserklärung von 1776. Sein Wirkungsfeld war freilich sehr viel größer, hat er doch bei der Gründung und Ausgestaltung des jungen amerikanischen Staates eine richtungweisende Rolle gespielt. Er war der Sproß einer wohlhabenden, sklavenhaltenden Pflanzerfamilie, studierte die Rechte und ging früh in die Politik. Er war Mitglied des Kontinentalkongresses, der die Unabhängigkeit beschloß, und von 1779 bis 1781 Gouverneur des Staates Virginia. Sein Aufenthalt als amerikanischer Gesandter im vorrevolutionären Paris 1785 bis 1789 verstärkte seine Hinwendung zu aufklärerischem Ideengut. Ab 1789 amerikanischer Außenminister, profilierte er sich in dem entstehenden Parteiensystem als Führer der sich als volksnah verstehenden Demokratisch-Republikanischen Partei. Während seiner Amtszeit als Präsident 1801 bis 1809 betrieb er nicht nur erfolgreich die Verdoppelung der amerikanischen Staatsfläche durch den Kauf des sogenannten Louisianagebiets von Frankreich, sondern traf auch erste Maßnahmen zur Erschließung dieses Territoriums. Umfassend gebildet, war er zudem ein begabter Architekt; er entwarf das Kapitol in der virginischen Hauptstadt Richmond, das Hauptgebäude der neuen University of Virginia und außerdem das Wohnhaus auf seinem Herrensitz Monticello, wo er seine letzten Jahre verbrachte.

*Literatur:* Willard Sterne Randall, *Thomas Jefferson* (New York, 1993). – Norman K. Risjord, *Thomas Jefferson* (Madison, Wisc., 1994). – Peter Nicolaisen, *Thomas Jefferson* (1995). – Hartmut Wasser, Hg., *Thomas Jefferson* (1995).

Südamerikanischer Unabhängigkeitskämpfer; geb. 24.7.1783 Caracas,
gest. 17.12.1830 bei Santa Marta (Kolumbien)

Simón Bolívar führte Südamerika aus der spanischen Kolonialherrschaft in die Unabhängigkeit. Von seiner vermögenden venezolanischen Familie sechzehnjährig nach Europa geschickt, faßte er dort unter dem Einfluß aufklärerischen Gedankenguts den – angeblich in Rom auf dem Aventin-Hügel geschworenen – Entschluß, sein Land von der spanischen Herrschaft zu befreien. 1807 kehrte er nach Venezuela zurück, wo revolutionäre Kreise 1811 die Unabhängigkeit erklärten. Der Aufstand scheiterte allerdings, und auch Bolívar mußte fliehen. Von Neugranada (dem späteren Kolumbien) aus erreichte er 1813 als «Libertador» (Befreier) wieder die Hauptstadt Caracas, nur um erneut weichen zu müssen. 1816 kehrte er aus Haïti mit einer Abenteurertruppe zurück. 1819 in Venezuela zum Präsidenten gewählt, zog er in einem berühmt gewordenen Zug mit 2500 Mann über die Anden und besiegte die Spanier im August vernichtend in der Schlacht bei Boyacá nördlich Bogotá. Neugranada und Venezuela wurden unter seiner Präsidentschaft zur Republik Großkolumbien vereint. 1822 konnte er mit seinem Kampfgefährten De Sucre die Spanier aus Ecuador vertreiben. 1824 schlug er sie auch bei Junín in Peru, zu dessen Diktator er sich 1827 aufschwang. Durch seine autoritären Bestrebungen zog er sich allerdings den Unmut der Befreiten zu, und so dankte er 1830 ab. Noch im gleichen Jahr starb er an Tuberkulose.

*Literatur:* Gerhard Masur, *Simon Bolivar* (1949). – Wilhelm Stegmann, *Simón Bolívar* (1984). – Salvador de Madariaga, *Simon Bolivar* (2. Aufl. 1989).

# Johann Wolfgang von Goethe

Dichter; geb. 28.8.1749 Frankfurt, gest. 22.3.1832 Weimar

Goethes wohlhabender Vater überredete ihn zum Studium der Rechtswissenschaft, das er 1765 in Leipzig antrat und 1771 in Straßburg zum Abschluß brachte. Doch seine eigentliche Neigung galt schon früh der Dichtkunst, und Begegnungen mit Herder oder Jung-Stilling wirkten nachhaltig auf ihn. So fand seine «Sturm und Drang»-Periode Niederschlag in dem Drama *Götz von Berlichingen* (1773) und dem Roman *Die Leiden des jungen Werthers* (1774). 1775 folgte er einer Einladung des Herzogs Karl August nach Weimar, wo er schnell zum hohen Staatsbeamten aufstieg und 1779 geadelt wurde. Zeitlebens dem weiblichen Geschlecht gegenüber aufgeschlossen, verliebte er sich um 1775 in die Hofdame Charlotte von Stein. Unter ihrem Einfluß orientierte er sich zur klassischen Form hin, worin er durch die Eindrücke seiner Italienreise 1786 bis 1788 noch bestärkt wurde. Seine Dramen *Iphigenie auf Tauris* (1787) und *Torquato Tasso* (1790) wie auch die *Römischen Elegien* (1795) und das Epos *Hermann und Dorothea* (1797) entstanden in dieser Zeit. 1788 zog Christiane Vulpius zu ihm, mit der er mehrere Kinder hatte und die er 1806 schließlich heiratete. Durch die Freundschaft und Zusammenarbeit mit Schiller, der 1799 nach Weimar kam, erreichte die von beiden dominierte sogenannte Weimarer Klassik ihren Höhepunkt. Goethes Universalität äußert sich auch in seinen naturwissenschaftlichen und philosophischen Interessen, die etwa in seiner *Farbenlehre* (1810) oder dem *West-östlichen Divan* (1819) aufscheinen. Von seinem größten Werk, das ihn sein Leben lang begleitete, dem *Faust*, erschien der erste Teil 1808; den zweiten vollendete er 1831, wenige Monate vor seinem Tode. Goethes literarisches Schaffen, dessen Nachwirkung in der deutschen Geistesgeschichte nicht abzuschätzen ist, machte ihn zu einem der größten Dichter überhaupt.

*Literatur:* Peter Boerner, *Johann Wolfgang von Goethe* (33. Aufl. 1999). – Richard Friedenthal, *Goethe* (12. Aufl. 1999). – Dorothea Hölscher-Lohmeyer, *Johann Wolfgang Goethe* (2. Aufl. 1999). – Karlheinz Schulz, *Goethe* (2. Aufl. 1999).

# Klemens Wenzel Fürst von Metternich

Österreichischer Staatsmann; geb. 15.5.1773 Koblenz, gest. 11.6.1859 Wien

Metternichs Name war für viele Zeitgenossen und auch noch Spätere gleichbedeutend mit Reaktion und Unterdrückung. Die heutige Geschichtsschreibung zeichnet sein Bild differenzierter, doch war er immerhin dreißig Jahre lang der mächtigste konservative Politiker Europas. Rheinischem Uradel entstammend, persönlich charmant und leichtlebig, studierte er Rechts- und Staatswissenschaften in Straßburg und Mainz. Die französische Invasion des Rheinlands brachte ihn nach Wien, wo ihm seine 1795 mit einer Enkelin des ehemaligen Staatskanzlers Kaunitz geschlossene Ehe Zugang zu den höchsten Kreisen verschaffte. So wurde er 1801 kaiserlicher Gesandter in Dresden, 1803 in Berlin und 1806 Botschafter in Paris. Als österreichischer Außenminister ab 1809 unterstützte er ↑Napoleons I. Heirat mit der Kaisertochter Marie Louise 1810 und schloß sich nur zögernd 1813 der Allianz von Preußen, Rußland und England an. Auf dem unter seinem Vorsitz glanzvoll tagenden Wiener Kongreß 1814/15 betrieb er erfolgreich die Wiederherstellung der politischen und sozialen Ordnung in Europa und regelte die deutschen Verhältnisse durch Schaffung des Deutschen Bunds mit Österreich als Vormacht. In der Folgezeit wurde er der Hauptträger der Restauration. Als Hof- und Staatskanzler 1821 bis 1848 setzte er sich für die Erhaltung des Legitimitätsprinzips und den Kampf gegen liberale und national-revolutionäre Bestrebungen ein. Außenpolitisch bemühte er sich um das Gleichgewicht zwischen den europäischen Mächten. Das «Metternichsche System», auf militärische Intervention und Polizeigewalt gegründet, schuf Stabilität. Es konnte aber dem Drängen der liberalen Kräfte nicht widerstehen, und die Märzrevolution 1848 verjagte Metternich aus Wien. Erst 1851 konnte er zurückkehren, erlangte aber keinen Einfluß mehr.

*Literatur:* Henry Vallotton, *Metternich* (1987). – Friedrich Hartau, *Clemens Fürst von Metternich* (1991). – Desmond Seward, *Metternich* (1993). – Guillaume A. de Bertier de Sauvigny, *Metternich* (1996).

# Abraham Lincoln

Amerikanischer Staatsmann; geb. 12.2.1809 bei Hodgenville (Kentucky), gest. 15.4.1865 Washington

Vielen Amerikanern gilt Abraham Lincoln als der größte Präsident, den ihr Land je hatte. Hierzu trägt sicher bei, daß er sich aus kleinen Verhältnissen emporarbeitete und dann als Märtyrer starb. Aber als sein Hauptverdienst gilt, daß er die Vereinigten Staaten in ihren schwersten Stunden zusammenhielt. Daß dabei obendrein noch die Sklaven befreit wurden, verleiht seiner Amtszeit einen zusätzlichen Glorienschein. Die arme Farmerfamilie, der er entstammte, war mit dem jungen Abraham von Kentucky nach Indiana und dann nach Illinois gezogen. Fast ohne Schulbildung, arbeitete er sich vom Ladengehilfen zum Rechtsanwalt empor. Ab 1834 Mitglied des Staatsparlaments von Illinois und 1847 bis 1849 des amerikanischen Repräsentantenhauses, gewann er 1858 als redegewaltiger Senatskandidat der von ihm mitgegründeten Republikanischen Partei landesweite Bekanntheit. Dies brachte ihm 1860 die Kandidatur als Präsidentschaftskandidat ein. Er gewann die Wahl, was wegen seiner nicht eindeutigen Haltung zur Sklaverei die Sezession der Südstaaten auslöste. Im daraufhin 1861 ausbrechenden Bürgerkrieg machte er teilweise diktatorischen Gebrauch von seinen Vollmachten, wodurch auf die Dauer die überlegene Kraft der Nordstaaten zur Geltung kam. Die von ihm 1863 verkündete Sklavenbefreiung wurde 1865 durch den 13. Verfassungszusatz Realität. Er selbst fiel wenige Tage nach der Kapitulation der Südstaaten einem Attentat zum Opfer.

*Literatur:* Benjamin B. Thomas, *Abraham Lincoln* (1955). – Werner Richter, *Abraham Lincoln* (2. Aufl. 1979). – David Herbert Donald, *Lincoln* (New York, 1996). – Mark E. Neely, *The Last Best Hope of Earth* (Cambridge, Mass., 1997).

# Pius IX.

Papst; geb. 13.5.1792 Sinigaglia, gest. 7.2.1878 Rom

Bei seinen Gegnern war er als Reaktionär verhaßt, doch von der großen Mehrheit der Katholiken wurde «Pio Nono» hoch geschätzt. Giovanni Maria Mastai-Ferretti, wie er ursprünglich hieß, stammte aus vornehmer Familie. 1819 empfing er die Priesterweihe; 1827 wurde er Erzbischof von Spoleto und 1832 Bischof von Imola. Als liberal geltend und 1840 zum Kardinal ernannt, wurde er 1846 zum Papst gewählt. Als Pius IX. begann er seine Regierung im Kirchenstaat durchaus reformfreudig, mußte jedoch im Revolutionsjahr 1848 aus Rom fliehen und konnte erst 1850 unter französischem Schutz wieder zurückkehren. Von da an sah er in der strikten Ablehnung modernistischer Bestrebungen den einzig gangbaren Weg. Dies bedeutete den Konflikt mit dem entstehenden, liberal ausgerichteten italienischen Staat, der 1860 den gesamten Kirchenstaat außer Rom annektierte und 1870, nach dem Abzug der französischen Truppen, auch Rom übernahm. Pius lehnte ein italienisches Garantiegesetz ab und verließ als «Gefangener im Vatikan» den letzteren nicht mehr. Seine Verkündung des Dogmas der Unbefleckten Empfängnis Mariens 1854 und mehr noch desjenigen der Unfehlbarkeit des Papstes, wenn er in Glaubens- und Sittenfragen ex cathedra spricht, auf dem ersten Vatikanischen Konzil 1870 waren Ausdruck seiner Bemühung um Festigung der kirchlichen Position. Bereits 1864 hatte sein *Syllabus errorum* die für falsch erachteten Ansichten des Liberalismus aufgelistet. Im deutschen Kulturkampf der 1870er Jahre engagierte sich der Papst entschlossen gegen Bismarck für die Unabhängigkeit der Kirche. Die Bedeutung seines Pontifikats, des längsten in der Geschichte, liegt in der Zentralisierung der innerkirchlichen Struktur sowie der weitgehenden Trennung von Kirche und Staat. Im Jahre 2000 wurde er seliggesprochen.

*Literatur:* Edward Elton Young Hales, *Pius IX.* (1957). – Robert Quardt, *Der letzte Papstkönig* (1962). – August Bernhard Hasler, *Pius IX.* (2 Bde., 1977). – Titus Heydenreich, Hg., *Pius IX. und der Kirchenstaat* (1995).

# Giuseppe Garibaldi

Italienischer Freiheitskämpfer; geb. 4.7.1807 Nizza, gest. 2.6.1882 Caprera

Für die Italiener ist Garibaldi die zentrale Gestalt des «Risorgimento», der Wiedererhebung Italiens im 19. Jahrhundert. Von Fischern und Seeleuten abstammend, erwarb er 1832 ein Kapitänspatent und diente dann in der piemontesischen Marine. Nach Teilnahme an einem erfolglosen republikanischen Aufstand 1834 floh er nach Südamerika, wo er in den dortigen Bürgerkriegen Erfahrungen im Guerillakrieg sammelte. Nach seiner Rückkehr 1848 kämpfte er in der Lombardei gegen die Österreicher, später in Rom mit seinen Rothemden gegen die französischen und bourbonischen Interventionstruppen. Wiederum zur Flucht gezwungen, ging er über die Vereinigten Staaten nach Peru. Als er 1854 nach Piemont zurückkommen konnte, ließ er sich auf der Insel Caprera vor der sardinischen Küste nieder. 1859 führte er als piemontesischer Generalmajor ein Korps Alpenjäger im Krieg gegen Österreich und unternahm 1860 mit Unterstützung von Ministerpräsident Cavour den berühmt gewordenen «Zug der Tausend» gegen Sizilien. Er eroberte die Insel und nahm danach auch Neapel ein, doch scheiterte sein Versuch, den Kirchenstaat zu besetzen und ihn dem inzwischen gegründeten Königreich Italien einzugliedern. 1866 kämpfte er auf französischer Seite gegen Österreich, 1870 gegen Preußen. Seine revolutionäre Begeisterung, seine militärische Tüchtigkeit und sein mitreißender Elan hatten ihn zum volkstümlichen Nationalhelden Italiens gemacht, als er, körperlich erschöpft, auf seiner Insel starb.

*Literatur:* Christopher Hibbert, *Der gerechte Rebell* (1970). – Hermann Hesse, *Garibaldi* (1977). – Friederike Hausmann, *Garibaldi* (1999).

# Charles Darwin

Britischer Biologe; geb. 12.2.1809 Shrewsbury,
gest. 19.4.1882 Downe (Kent)

Charles Darwin war der Begründer der modernen Evolutionstheorie. Er studierte ab 1825 zuerst Medizin in Edinburgh, fand
aber wenig Gefallen daran und wechselte 1827 zur Theologie
nach Cambridge über. Dort begann er sich für die Naturwissenschaften zu interessieren. Durch eine Empfehlung fand er
einen Platz als unbezahlter «naturalist» auf dem Forschungs-
schiff *Beagle*, mit dem er ab 1831 auf einer fünfjährigen Reise
an die Ost- und Westküste Südamerikas, nach Neuseeland und
schließlich über Kapstadt wieder nach England segelte. Aufgrund der dabei gemachten Beobachtungen und anderer Forschungen schrieb er in der Folge geologische, botanische und
insektenkundliche Arbeiten. Sein wichtigstes, vor allem durch
einen Aufenthalt auf den Galápagosinseln inspiriertes Werk
war jedoch *On the Origin of Species by Means of Natural
Selection* (Die Entstehung der Arten durch natürliche Zucht-
wahl), das er nach langem Zögern 1859 veröffentlichte. Es war
sofort ausverkauft und erlebte bis 1872 sechs Auflagen. Die
darin vertretene Theorie, daß die natürliche Auslese der mit
ihrer Umgebung am besten harmonierenden individuellen
Lebewesen zum Wandel der Arten führt, war zwar in sich
selbst noch nicht völlig schlüssig und bedurfte der späteren Er-
gänzung durch den Mendelismus und die moderne Vererbungs-
lehre. Nichtsdestoweniger erkannten Darwins Zeitgenossen,
daß seine Lehre zum Paradigmenwechsel in der Biologie führte,
da sie den Schöpfungsglauben durch die Evolutionstheorie ersetzte. Entsprechend stieß er auf weitverbreiteten und teilweise
erbitterten Widerstand, besonders aus orthodoxen religiösen
Kreisen. Finanziell unabhängig und unbeeindruckt, arbeitete er
seine Theorie jedoch in weiteren Schriften aus. Sie wirkte dann
nicht nur in der Biologie umwälzend, sondern beeinflußte auch
nachhaltig das geistige Leben.

*Literatur:* Angela Steinmüller und Karlheinz Steinmüller, *Charles Darwin*
(3. Aufl. 1990). – Andrian Desmond und James Moore, *Darwin* (2. Aufl.
1995). – Johannes Hemleben, *Charles Darwin* (12. Aufl. 1996). – Jonathan
Howard, *Darwin* (1996).

# Karl Marx

Sozialistischer Theoretiker; geb. 5.5.1818 Trier, gest. 14.3.1883 London

Wenig wies im frühen Werdegang von Karl Marx auf seine spätere weltgeschichtliche Bedeutung hin. Seine Eltern stammten von Rabbinern ab, doch trat die Familie 1824 zum Protestantismus über. Er studierte ab 1835 Jura und Philosophie in Bonn und Berlin und wurde 1841 in Jena zum Dr. phil. promoviert. In Berlin unter den Einfluß der junghegelianischen Linken geraten, war er ab 1842 Redakteur der liberalen *Rheinischen Zeitung* in Köln. Nach deren Verbot ging er 1843 nach Paris, wo er Friedrich Engels kennenlernte. Ab 1845 in Brüssel, verfaßte er dort mit Engels das *Manifest der kommunistischen Partei* (1848), das allerdings kaum Wirkung auf die ausbrechende Revolution hatte. Zurück in Köln, gab er die radikal-demokratische *Neue Rheinische Zeitung* heraus, bis er 1849 über Paris nach London emigrierte. In London lebte er, obwohl publizistisch sehr aktiv, mit seiner Familie wiederholt in materieller Not und war auf Unterstützung durch Engels angewiesen. Seine Hauptarbeitskraft widmete er der Darstellung der kapitalistischen Produktionsweise und ihrer Position innerhalb des seiner Überzeugung nach gesetzmäßig ablaufenden Geschichtsprozesses. 1867 erschien der erste Band seines Hauptwerkes *Das Kapital*, die beiden weiteren wurden nach seinem Tod von Engels herausgegeben. 1864 beteiligte er sich auch maßgeblich an der Gründung der ersten «Internationale», aber die von ihm formulierte Geschichts- und Gesellschaftstheorie erzielte erst nach seinem Tode ihre große Breitenwirkung.

*Literatur:* Walter Euchner, *Karl Marx* (1983). – Werner Blumenberg, *Karl Marx* (27. Aufl. 1998). – Iring Fetscher, *Marx* (1999). – Francis Wheen, *Karl Marx* (2001).

# Louis Pasteur

Französischer Naturwissenschaftler; geb. 27.12.1822 Dole (Jura),
gest. 28.9.1895 Villeneuve-l'Étang (bei Paris)

Louis Pasteur, der Begründer der modernen Bakteriologie, war
der Sohn eines Gerbers. 1843 wurde er zur Lehrerausbildung in
die renommierte École normale supérieure in Paris aufgenommen, wo er 1847 den Grad eines Doktors der Naturwissenschaften erwarb. Danach 1849 Professor für Chemie in Straßburg, 1854 Dekan an der Universität Lille, lebte er ab 1857 in
Paris. Dort war er zuerst Leiter der naturwissenschaftlichen
Abteilung an der École normale supérieure und erhielt 1863
einen Lehrstuhl an der École des Beaux-Arts. 1867 wurde er
Professor für Chemie an der Sorbonne. Die epochale Bedeutung
von zweien seiner zahlreichen wissenschaftlichen Entdeckungen ist auch dem Laien verständlich. Angeregt durch Probleme
in der Getränkeindustrie, fand er ab 1854 heraus, daß Gärung
durch von außen hinzukommende Mikroorganismen hervorge-
rufen wird und daß diese Organismen durch vorsichtiges Erhit-
zen abgetötet werden können. Er entwickelte daraufhin das
später «Pasteurisierung» genannte Verfahren der Wärmebe-
handlung von Lebensmitteln zu deren Konservierung. Die andere Entdeckung schloß hieran an: Eine Epidemie unter den
Seidenraupen in Südfrankreich brachte ihn 1865 auf den Gedanken, daß auch hier Mikroorganismen die Ursache sein
könnten. Durch das Mikroskop erkannte er erstmals Mikroben
als eine Krankheitsursache. Daraufhin fand er auch die Verur-
sacher von Rindermilzbrand und von Geflügelcholera. Ab 1881
griff er den von dem Briten Edward Jenner propagierten Gedanken einer Schutzimpfung auf und konnte 1885 erstmals
einen Jungen erfolgreich gegen Tollwut impfen. Auch ein hervorragender Wissenschaftsorganisator, gründete er 1888 in Paris das bald weltberühmt werdende Institut Pasteur für mikro-
biologische Forschungen und Arzneimittelentwicklung.

*Literatur:* Jacques Nicolle, *Louis Pasteur* (1959). – Heinz Pilz, *Louis
Pasteur* (2. Aufl. 1976). – Gerda Kirmse, *Louis Pasteur* (1995). – Patrice
Debré, *Louis Pasteur* (Paris, 1997; Baltimore, 1998).

## Otto Fürst von Bismarck

Politiker; geb. 1.4.1815 Schönhausen (bei Stendal),
gest. 30.7.1898 Friedrichsruh (bei Hamburg)

Der Gründer des zweiten Deutschen Reiches entstammte väter-
licherseits altmärkischem Adel. Nach Jurastudium in Göttingen
und Berlin sowie Referendariat bewirtschaftete er seine Güter.
Anfangs der «tolle Bismarck», fand er durch pommersche Pie-
tisten zum Glauben an einen persönlichen Gott. Da er 1847 im
Vereinigten Landtag, 1849 bis 1850 im preußischen Abgeord-
netenhauses und 1850 im Erfurter Unionsparlament wortge-
waltig auf der äußersten Rechten gestanden hatte, sandte man
ihn 1851 als Vertreter Preußens an den Bundestag in Frankfurt,
wo er sich bestrebte, Österreich die Führungsrolle streitig zu
machen. 1859 bis 1862 war er Botschafter in St. Petersburg und
dann kurzfristig in Paris, bis ihn mitten im preußischen Verfas-
sungskonflikt König Wilhelm I. zum Ministerpräsidenten ernannte. Mehrere Jahre lang regierte er gegen die liberale Parla-
mentsmehrheit, doch die Siege im Deutsch-dänischen Krieg
1864 und im Deutschen Krieg 1866 vermochten dies in den
Augen vieler zu kompensieren. Auf die Etablierung des Nord-
deutschen Bundes 1867 folgte der erfolgreiche Krieg gegen
Frankreich 1870/71 und die Neugründung des Deutschen Reiches, dessen erster Reichskanzler er wurde. Sein Versuch, die alten Strukturen durch die Bekämpfung der katholischen Kirche
(«Kulturkampf») sowie die Ausschaltung der revolutionär ge-
sinnten Arbeiterschaft zu bewahren, führte allerdings zu starken innenpolitischen Spannungen. Diese wurden durch die So-
zialgesetzgebung der 1880er Jahre nur teilweise gemindert. Der
äußeren Gefährdung des Reiches bewußt, schuf er ein Bündnis-
system, das Frankreich isolieren und dabei das Gleichgewicht
der Großmächte sichern sollte. Als er sich mit dem jungen Kaiser Wilhelm II. überwarf, wurde er 1890 entlassen. Noch zu
seinen Lebzeiten begann in weiten Volkskreisen die fast mythi-
sche Verherrlichung des «Eisernen Kanzlers».

*Literatur:* Theo Schwarzmüller, *Otto von Bismarck* (1998). – Christian
Graf von Krockow, *Bismarck* (2000). – Lothar Gall, *Bismarck* (2001). –
Otto Pflanze, *Bismarck* (2 Bde., 2001).

# Viktoria

Königin von Großbritannien und Irland; geb. 24.5.1819 London,
gest. 22.1.1901 Osborne

Viktorias Herrschaft dauerte über 63 Jahre, und das «Victorian Age» gilt noch heute als die Blütezeit des englischen Bürgertums. Es war eine Periode politischer Machtentfaltung und wirtschaftlichen Aufschwungs, allerdings auch kultureller Verflachung und einiger Prüderie. Viktoria hat dies natürlich nicht selbst bewirkt. Aber für viele Zeitgenossen verkörperte sie ihre Epoche, gab sie sich doch majestätisch, selbstbewußt und förmlich, blieb aber in ihren Bildungsbedürfnissen anspruchslos. Daß sie neun Kinder gebar, zeigte auf bezeichnende Wei-

se ihren Familiensinn. Als Enkelin König Georgs III. kam sie 1837 auf den britischen Thron. 1840 vermählte sie sich mit ihrem Vetter Albert, Prinz von Sachsen-Coburg-Gotha, der rasch ihr wichtigster Ratgeber wurde. Durch ihre untadelige Lebensführung und politische Zurückhaltung entwickelte sich die Krone zu einer parteipolitisch neutralen, im Volk verankerten Institution. Nach Alberts Tod 1861 zeigte sich die Königin nur noch selten in der Öffentlichkeit, bestand aber auf genauer Information durch ihre Minister. Zu manchen derselben verhielt sie sich reserviert, so zu Palmerston und Gladstone. Andererseits verstand sie sich gut mit dem Konservativen Disraeli, der 1876 ihre Erhebung zur Kaiserin von Indien veranlaßte. Als sie starb, von ihrem Volke hochverehrt, hinterließ sie nicht nur zahlreiche Nachkommen auf europäischen Fürstenthronen, sondern auch 37 Urenkel.

*Literatur:* Karl Heinz Wocker, *Königin Victoria* (7. Aufl. 1991). – Carolly Erickson, *Königin Victoria* (1999). – Ronald D. Gerste, *Queen Victoria* (2000). – Jürgen Lotz, *Victoria* (2000).

# John Pierpont Morgan

Amerikanischer Bankier; geb. 17.4.1837 Hartford (Connecticut),
gest. 31.3.1913 Rom

J. P. Morgan war nicht nur einer der mächtigsten Wirtschafts-
kapitäne in den Vereinigten Staaten, sondern sein Bankhaus hat
auch auf das Schicksal Deutschlands nachhaltigen Einfluß ge-
nommen. Sohn eines Bankiers, studierte er fast zwei Jahre lang
Mathematik in Göttingen. 1857 trat er in das Bankhaus *Dun-
can, Sherman and Co.* in New York ein, das dort die mächtige
Londoner Bank *George Peabody and Co.* vertrat. Ab 1861 arbeitete er in der väterlichen Firma, die, 1871 in *Drexel, Morgan and Co.* umbenannt, der Hauptfinanzpartner der amerikanischen Regierung wurde. Von 1895 an firmierte die Bank als
*J. P. Morgan and Co.* und entwickelte sich unter seiner Leitung
zu einem der größten Finanzinstitute der Welt. Seine Beziehungen zu *Peabody and Co.* verschafften ihm Zugang zum Londoner Geldmarkt, der es ihm ermöglichte, in dem nach Kapital
dürstenden amerikanischen Industrialisierungsprozeß eine füh-
rende Rolle zu spielen. Mitte der 1880er Jahre schon begann er
mit der Umstrukturierung einzelner Eisenbahnlinien. Nach der
Börsenpanik 1893 gelang es ihm, durch die Konsolidierung
wichtiger Großlinien ein Finanzchaos zu vermeiden. Während
der folgenden Depression versorgte ein von ihm gegründetes
Syndikat das Finanzministerium mit dringlich benötigtem
Gold. Nach der Jahrhundertwende war er maßgeblich an der
Bildung solch gigantischer Firmen wie *General Electric Co.*,
*United States Steel Corporation* und *International Harvester
Co.* beteiligt. Selbstbewußt und gebieterisch, auch ein eifriger
Kunst- und Büchersammler, errang er bis zu seinem Tode eine
nahezu die gesamte amerikanische Wirtschaft kontrollierende
Stellung. Sein Bankhaus wurde im Ersten Weltkrieg der Ge-
neraleinkäufer und Finanzagent für die amerikanischen Rü-
stungslieferungen an Großbritannien und Frankreich.

*Literatur:* Henry J. Smith, *John Pierpont Morgan* (1928). – Frederick Lewis
Allen, *The Great Pierpont Morgan* (New York, 1965). – Stanley Jackson,
*J. P. Morgan* (New York, 1984). – Jean Strouse, *Morgan* (New York, 1999).

# Thomas Woodrow Wilson

Amerikanischer Politiker; geb. 28.12.1856 Staunton (Virginia),
gest. 3.2.1924 Washington

Woodrow Wilson, der die amerikanische Nation in den Ersten Weltkrieg führte, war der Sohn eines presbyterianischen Geistlichen, und kalvinistische Strenge bestimmte zeit seines Lebens sein Denken. Nach juristischem Studium wurde er 1890 Professor an der Princeton University in New Jersey und 1902 deren Präsident. Seine ambitionierte Reformfreudigkeit machte ihn rasch in der Öffentlichkeit bekannt. 1910 zum Gouverneur von New Jersey gewählt, gewann der eindrucksvolle Vortragsredner 1912 als Kandidat der Demokratischen Partei infolge der Spaltung der Republikaner auch die Wahl zum amerikanischen Präsidenten. Seine erste Amtszeit (1913–1917) sah die Verabschiedung verschiedener Reformgesetze auf dem Handels- und Bankensektor. Als in Europa der Erste Weltkrieg ausbrach, wahrte er offiziell die Neutralität der USA, was ihm die Wiederwahl 1916 sicherte. Nach Aufnahme des unbeschränkten U-Bootkriegs durch das Deutsche Reich forderte er jedoch 1917 vom Kongreß die Kriegserklärung. Die von ihm verkündeten, versöhnlich gemeinten Vierzehn Punkte bildeten dann die Basis für den Waffenstillstand 1918. Er wirkte an den Friedensverhandlungen mit und erhielt 1920 den Friedensnobelpreis für das Jahr 1919. Uneinsichtig auf Einzelpunkten beharrend, konnte er allerdings in seinem eigenen Land die Annahme des Versailler Vertrags mit der Völkerbundsatzung nicht durchsetzen, wodurch sein Friedenswerk letztlich scheiterte.

*Literatur:* Klaus Schwabe, *Woodrow Wilson* (1971). – Jan Willem Schulte Nordholt, *Woodrow Wilson* (Berkeley, Calif., 1991). – Kendrick A. Clements, *The Presidency of Woodrow Wilson* (Lawrence, Kan., 1992). – August Heckscher, *Woodrow Wilson* (New York, 1993).

# Wladimir Iljitsch Lenin

Russischer Politiker; geb. 22.4.1870 Simbirsk (heute Uljanowsk), gest. 21.1.1924 Gorki (bei Moskau)

Lenins Familienname war ursprünglich Uljanow. Sohn eines Schulinspektors, studierte er Jura und ließ sich 1893 in St. Petersburg nieder, wurde aber wegen revolutionärer Agitation 1897 bis 1900 nach Sibirien verbannt. Anschließend widmete er sich von London, München und Genf aus (theoretische Schrift *Was tun?*, 1902) der Schaffung einer revolutionären Kaderpartei, was 1903 die Spaltung der russischen Sozialdemokratie zur Folge hatte. Die von ihm geführten Bolschewiki (Mehrheitler) spielten jedoch in der Revolution von 1905 nur eine geringe Rolle. Als Emigrant lebte er während der nächsten Jahre an verschiedenen Orten und ab August 1914 in der Schweiz. Nach Ausbruch der Februarrevolution 1917 gelangte er mit deutscher Hilfe zurück nach Rußland, wo er in St. Petersburg auf die proletarische Revolution hinarbeitete. Am 7. November (25. Oktober) rissen die Bolschewiki die Regierung an sich und betrieben, mit Lenin an ihrer Spitze, rücksichtslos die Stabilisierung ihrer Macht. Nach dem Bürgerkrieg mußte er 1921 zur Lösung der Versorgungskrise die Neue Ökonomische Politik einführen. Die von ihm beabsichtigte Ausschaltung ↑Stalins konnte er wegen seiner Erkrankung an Gehirnsklerose nicht mehr durchsetzen. Politischer Visionär und skrupelloser, aber genialer Taktiker, hatte er bei seinem Tod immerhin die Revolution nach seinem Willen gemeistert und den Sowjetstaat lebensfähig gemacht.

*Literatur:* David Shub, *Lenin* (5. Aufl. 1990). – Hermann Weber, *Lenin* (16. Aufl. 1998). – Hélène Carrère d'Encausse, *Lenin* (2000). – Robert Service, *Lenin* (2000).

# Sun Yat-sen

Chinesischer Politiker; geb. 12.11.1866 Cuiheng (Provinz Guangdong),
gest. 12.3.1925 Peking

Der spätere charismatische Politiker Sun Yat-sen war in seiner
Jugend ein armes Bauernkind. Von seinem Bruder 1879 nach
Honolulu mitgenommen, besuchte er dort drei Jahre lang eine
Missionsschule. Nach seiner Rückkehr 1883 ließ er sich taufen
und studierte Medizin, praktizierte aber nur kurz in Kanton.
Vielmehr gründete er 1894 in Honolulu die revolutionäre «Gesellschaft zur Erneuerung Chinas», doch scheiterte 1895 ein
Aufstandsversuch in Kanton. Im anschließenden Exil, unter anderem in den USA und in Europa, konzipierte er ein volles politisches Programm: Die regierende Mandschudynastie war zu
stürzen und an ihrer Stelle eine Republik nach den drei Prinzipien des Volkes (nationale Unabhängigkeit, Demokratie und
soziale Neugestaltung) zu errichten. Hierfür erweiterte er 1905
in Tokio die «Gesellschaft» zu einer politischen Kaderpartei. In
der Folge organisierten seine Anhänger mehrere kurzlebige Revolten, doch war bei Ausbruch der chinesischen Revolution
1911 und dem Sturz des Kaisertums seine Machtbasis noch zu
gering. So wurde er zwar Anfang 1912 von einer Delegierten-
konferenz zum provisorischen Präsidenten der Republik China
gewählt, mußte aber schon kurz darauf dieses Amt wieder
abtreten. Deshalb schloß er noch im gleichen Jahr seine Partei
mit anderen Gruppierungen zur Kuo-min-tang (Nationalen
Volkspartei) zusammen. China versank nun im Bürgerkrieg,
und Sun Yat-sen ging ins Exil nach Japan. Nachdem er 1917 bis
1918 kurzfristig eine Gegenregierung in Kanton geführt hatte,
begann er dort 1921 mit Hilfe sowjetischer Berater die Kuo-
min-tang nach kommunistischem Vorbild zu reorganisieren
und eine eigene Armee aufzubauen. Als er vorzeitig an Krebs
starb, hatte er immerhin, angespornt von energischem Macht-
streben und geleitet von westlichen Vorstellungen, China an die
Schwelle zur Moderne geführt.

*Literatur:* Heinrich Herrfahrdt, *Sun Yatsen* (1948). – Gottfried-Karl Kin-
dermann, Hg., *Sun Yat-sen* (1982). – Marie-Claire Bergère, *Sun Yat-sen*
(Paris, 1994; Stanford, Calif., 1998).

# John Davison Rockefeller

Amerikanischer Industrieller; geb. 8.7.1839 Richford (New York),
gest. 23.5.1937 Ormond Beach (Florida)

John D. Rockefeller war nicht nur einer der erfolgreichsten
Unternehmer aller Zeiten, sondern auch ein generöser Philan-
throp. Seine elterliche Familie zog 1853 nach Cleveland, wo er
sechzehnjährig als Gehilfe in eine Produktenhandlung eintrat.
Die Firma, in der er 1858 zum Juniorpartner aufstieg, gliederte
sich 1862 eine kleine Ölraffinerie an. Rockefeller erkannte das
Potential der gerade aufkommenden Ölindustrie und übernahm
1865 faktisch das ganze Unternehmen. Rapide ausgebaut, be-
herrschte es bald das Ölgeschäft der Region und wurde 1870 in
die *Standard Oil Co. of Ohio* umgewandelt, die durch Aufkauf
von Raffinerien und geschickte Arrangements mit den Eisen-
bahnen Ende der 1870er Jahre Ölverarbeitung und -vertrieb in
den gesamten Vereinigten Staaten dominierte. 1882 in den
*Standard Oil Trust* umgeformt, kontrollierte die Gesellschaft
95 Prozent des amerikanischen Raffineriegeschäfts. Der Trust
wurde 1899 wegen Verstoßes gegen das Antitrustgesetz aufgelöst. Rockefeller ersetzte ihn durch eine Holdinggesellschaft,
die *Standard Oil Co. of New Jersey*, die allerdings 1911 ebenfalls auf Beschluß des Obersten Gerichts ihre Tätigkeit einstel-
len mußte. Er zog sich daraufhin mit einem Vermögen von etwa
einer Milliarde Dollar ins Privatleben zurück. Schon zuvor hatte er, der als Geschäftsmann rücksichtslos den Profit anstrebte,
andererseits auch mannigfache philanthropische Projekte
unterstützt. So hatte er 1892 die University of Chicago mit
einem Stiftungsvermögen von 35 Millionen Dollar (nach heu-
tigem Wert nahezu eine Milliarde Dollar) ausgestattet. 1901
gründete er das Rockefeller Institute of Medical Research (heute Rockefeller University) in New York, und 1913 die Rockefeller Foundation. Insgesamt stiftete er zu seinen Lebzeiten
rund 600 Millionen Dollar für gemeinnützige Zwecke.

*Literatur:* Allan Nevins, *Study in Power* (2 Bde.; New York, 1953). –
David Freeman Hawke, *John D. Rockefeller* (1987). – Ron Chernow, *John
D. Rockefeller* (2000).

# Kemal Atatürk

Türkischer Politiker; geb. 12.3.1881 Saloniki, gest. 10.11.1938 Istanbul

Kemal Atatürk reformierte das Kerngebiet des ehemals mächtigen, aber morsch gewordenen Osmanischen Reiches und stabilisierte durch die Schaffung der modernen Türkei einen großen Teil des Nahen Ostens. Mustafa Kemal, wie er ursprünglich hieß, absolvierte 1905 die Militärakademie in Istanbul und schloß sich 1908 der jungtürkischen Revolution des Generals Enver Pascha an. Bekannt wurde er, als er im Ersten Weltkrieg als Divisionskommandeur den britisch-französischen Landungsversuch an den Dardanellen vereitelte. Nach dem Zusammenbruch des Osmanischen Reiches organisierte er den Widerstand gegen die alliierten und griechischen Besatzungstruppen. Die Große Nationalversammlung in Ankara übertrug ihm daraufhin 1920 die Regierungsgewalt. Nachdem unter seinem Oberbefehl die Verdrängung des griechischen Militärs aus Kleinasien gelungen war, schaffte er 1922 das Sultanat ab, rief 1923 die Republik aus und übernahm die Präsidentschaft. 1924 beseitigte er mit dem Kalifat das religiöse Gegenstück zum Sultanat. Der Fez wurde verboten und 1928 das arabische durch das lateinische Alphabet ersetzt. Schon 1926 waren an die Stelle des islamischen Rechts das schweizerische Zivilrecht, das italienische Privatrecht und das deutsche Handelsrecht getreten. 1934 erhielten die Frauen das Wahlrecht. Bei der Einführung von Familiennamen gab ihm das Parlament den Namen «Atatürk» (Vater der Türken). Sein Sarkophag steht in einem Mausoleum in Ankara.

*Literatur:* Johannes Glasneck, *Kemal Atatürk* (1971). – Bernd Rill, *Kemal Atatürk* (1991). – Dietrich Gronau, *Mustafa Kemal Atatürk* (1994). – Dursun Atilgan, *Mustafa Kemal Atatürk* (1998).

# Sigmund Freud

Österreichischer Psychologe; geb. 6.5.1856 Freiberg (Mähren),
gest. 23.9.1939 London

Sigmund Freud, der Begründer der Psychoanalyse, kam als
Kind mit seinen Eltern nach Wien. Während seines Medizin-
studiums wandte er sich, beeinflußt von dem Physiologen Ernst
von Brücke, der Hirnanatomie zu und wurde 1885 zum Do-
zenten für Neuropathologie ernannt. Im gleichen Jahr ging er
zur Weiterbildung nach Paris, wo er fünf Monate lang bei dem
Neurologen Jean-Martin Charcot seelische Erkrankungen ohne
organischen Befund studierte. Charcots Methode, Hysterie mit
Hypnose zu behandeln, führte Freud zu seinen grundlegenden
Einsichten in die Triebstrukturen des menschlichen Verhaltens.
Zurück in Wien, entwickelte er in seiner nun eröffneten Praxis,
in der er mit Josef Breuer zusammenarbeitete, seine psycholo-
gischen Theorien, bis er 1938 wegen seiner jüdischen Abstam-
mung nach England emigrierte. Jeder Mensch richtet seiner Ansicht nach die ersten sexuellen Regungen auf die Mutter und
den ersten Haß auf den konkurrierenden Vater (Ödipuskom-
plex), und werden solche frühkindlichen Wünsche nicht auf andere Personen übertragen, entstehen neurotische Störungen.
Überhaupt nahm Freud als menschlichen Zentraltrieb den Ge-
schlechtstrieb an. Wird die Entfaltung der Triebhaftigkeit durch
Regeln und Tabus unterdrückt, ergeben sich Fehlentwicklun-
gen. Statt medikamentöser Eingriffe ist Hilfe durch Sublimie-
rung zu leisten, also durch Ablenkung auf nichtsexuelle Ziele,
etwa intellektuelle Arbeit oder künstlerische Betätigung. Aus
dieser Einsicht heraus weitete er seine Theorie zu einer umfas-
senden, nicht nur das Individuum, sondern die menschliche
Gattung insgesamt betreffenden Kulturtheorie aus. Obwohl seine Lehre vielfach kritisiert und auch widerlegt wurde, hatte sie
weltweit beträchtlichen Einfluß auf die Entwicklung nicht nur
der Anthropologie, Psychologie und Psychiatrie, sondern auch
der Philosophie, Kunst und Literatur.

*Literatur:* Octave Mannoni, *Sigmund Freud* (22. Aufl. 1996). – Peter
Schneider, *Sigmund Freud* (1999). – Max Schur, *Sigmund Freud* (2000). –
Hans-Martin Lohmann, *Sigmund Freud* (2. Aufl. 2001).

# Marie Curie

Französische Physikerin und Chemikerin; geb. 7.11.1867 Warschau,
gest. 4.7.1934 Sancellemoz (Savoyen)

Marya Skłodowska, die Tochter eines verarmten Mathematiklehrers im damals russischen Polen, ging 1891 nach Paris. Beim Studium der Physik und Mathematik an der Sorbonne begegnete sie dem Physiker Pierre Curie, den sie 1895 heiratete. Doktorandin von Henri Becquerel, untersuchte sie die von diesem aufgefundene und von ihr so bezeichnete Radioaktivität. Dabei entdeckte sie gemeinsam mit ihrem Mann, mit dem sie seit 1896 zusammenarbeitete, das radioaktive Element Polonium, das sie nach ihrem Geburtsland benannte, und wenige Monate später das gleichfalls radioaktive Radium. Aufgrund dieser Leistungen erhielt sie 1903 den Grad eines Doktors der Naturwissenschaften und, zusammen mit ihrem Mann und Becquerel, den Nobelpreis für Physik. Die Geburt zweier Töchter, 1897 und 1904, beeinträchtigte ihre Forschungen nicht. Nach dem Tod ihres Mannes durch einen Verkehrsunfall 1906 folgte sie ihm vielmehr auf dem Lehrstuhl für Physik nach und wurde damit als erste Frau Professorin an der Sorbonne. Die Entdeckung und Reindarstellung des Radiums aus der Pechblende und die Untersuchung seiner Eigenschaften trugen ihr 1911 auch den Nobelpreis für Chemie ein. Ab 1914 leitete sie das neugegründete Radium-Institut in Paris, das zum Zentrum der internationalen Kernphysikforschung wurde. Pionierin der Radiologie und Radiochemie, starb sie an durch radioaktive Strahlung verursachter Leukämie.

*Literatur:* Robert W. Reid, *Marie Curie* (2. Aufl. 1988). – Françoise Giroux, *Marie Curie* (1999). – Susan Quinn, *Marie Curie* (1999). – Peter Ksoll und Fritz Vögtle, *Marie Curie* (5. Aufl. 2000).

# Franklin Delano Roosevelt

Amerikanischer Politiker; geb. 30.1.1882 Hyde Park (New York),
gest. 12.4.1945 Warm Springs (Georgia)

Roosevelt, der Präsident der Vereinigten Staaten während der Depression der 1930er Jahre und im Zweiten Weltkrieg, war der Sproß einer altetablierten, wohlhabenden Familie. Nach Jurastudium kurz Rechtsanwalt in New York, ging er rasch in die Politik, wurde erst Mitglied im Senat seines Staates, 1913 Assistant Secretary im Marineministerium, also etwa Unterstaatssekretär, und kandidierte 1920 erfolglos für die Vizepräsidentschaft. Im nächsten Jahr erkrankte er an Kinderlähmung und war fortan im Gebrauch seiner Beine stark behindert, fand jedoch mit großer Willenskraft in das öffentliche Leben zurück und wurde 1929 zum Gouverneur des Staates New York gewählt. Ein umfangreiches Hilfsprogramm während der frühen Depressionsjahre empfahl ihn 1932 der Demokratischen Partei als Präsidentschaftskandidat, und er gewann die Wahl mit deutlichem Vorsprung. Seine erste Amtsperiode ab 1933 war geprägt von den Maßnahmen gegen die Depression im Rahmen des New Deal, durch die er eine tiefgreifende Umgestaltung der sozialpolitischen Grundlagen einleitete und die ihm die Wiederwahl 1936 brachten. Beim Herannahen des Zweiten Weltkriegs ergriff er Partei gegen die Achsenmächte und führte die zögernde amerikanische Nation 1941 entschlossen in den Krieg. Auf mehreren Konferenzen, so in Casablanca, Teheran und Jalta, stimmte er mit den wichtigen alliierten Staatsmännern Kriegsführung und Nachkriegsordnung ab, starb jedoch selbst einen Monat vor Kriegsende an einer Gehirnblutung. Er gilt seither als einer der großen Präsidenten seines Landes. Jedenfalls hat er es meisterhaft verstanden, sich als leutseliger, aber zielbewußter Leiter des Volkes in der Bedrängnis darzustellen und sich so auch, einmalig in der amerikanischen Geschichte, eine dritte und vierte Amtsperiode als Präsident zu sichern.

*Literatur:* Wolfgang J. Helbich, *Franklin D. Roosevelt* (1971). – Detlef Junker, *Franklin D. Roosevelt* (2. Aufl. 1989). – Frank Freidel, *Franklin D. Roosevelt* (Boston, 1990). – Alan Posener, *Franklin Delano Roosevelt* (1999).

# Benito Mussolini

Italienischer Politiker; geb. 29.7.1883 Doria (bei Predappio, Provinz Forlì),
gest. 28.4.1945 bei Giulino di Mezzegra (Provinz Como)

Mussolini, der erste der Diktatoren des 20. Jahrhunderts in Europa, wurde schon mit 17 Jahren Mitglied der italienischen Sozialistischen Partei. Ab 1901 kurzfristig Lehrer und dann unter anderem journalistisch tätig, übernahm er 1912 die Redaktion der Parteizeitung *Avanti!*. 1914 brach er mit den Sozialisten, als er für den Kriegseintritt Italiens plädierte. Nach Kriegsende gründete er die Bewegung *Fascio di combattimento*, die 1921 in eine politische Partei umgewandelt wurde. Ihre rechtsgerichtete Politik fand breiten Anklang in der durch die Nachkriegswirren verunsicherten italienischen Öffentlichkeit, und Mussolini gelang es, sich im Einvernehmen mit anderen konservativen Führungsgruppen nach dem «Marsch auf Rom» im Oktober 1922 von König Viktor Emanuel III. zum Ministerpräsidenten ernennen zu lassen. Innerhalb von sechs Jahren erreichte der redegewaltige «Duce» (Führer) die totale Macht im Staate und sicherte auch durch die Lateranverträge 1929 sein Verhältnis zum Vatikan ab. Sein Traum, ein Reich nach dem Vorbild des alten römischen zu formen, führte zur Annexion Äthiopiens 1936 und Albaniens 1939. Den größeren Anforderungen des Zweiten Weltkriegs, in den er Italien 1940 an der Seite Hitlers führte, war sein Regime jedoch nicht gewachsen. Im Juli 1943 verhafteten ihn seine ehemaligen Anhänger. Von den Deutschen befreit, errichtete er in Norditalien eine Marionettenregierung, doch wurde er im April 1945 von italienischen Partisanen erschossen.

*Literatur:* Richard Collier, *Mussolini* (1995). – Ivone Kirkpatrick, *Mussolini* (1997). – Giovanni DeLuna, *Benito Mussolini* (4. Aufl. 2000).

# Adolf Hitler

Politiker; geb. 20.4.1889 Braunau/Inn (Oberösterreich),
gest. 30.4.1945 Berlin

Hitler war der Sohn eines österreichischen Zollbeamten. Nach dem Tod der Eltern lebte er ab 1907 als frustrierter Künstler in Wien, wo er antisemitisches Gedankengut in sich aufnahm. Im Ersten Weltkrieg kämpfte er mit einem bayerischen Regiment an der Westfront, wo er mehrmals verwundet wurde. Seine politische Laufbahn begann, als er nach Kriegsende 1919 der Deutschen Arbeiterpartei (ab 1920 Nationalsozialistische Deutsche Arbeiterpartei) beitrat und 1921 deren Vorsitz übernahm. Obwohl seine redegewaltige nationalistische Agitation enormen Zulauf brachte, schlug sein Putschversuch 1923 fehl. Die anschließende neunmonatige Haft nutzte er zur Abfassung seiner Bekenntnis- und Programmschrift *Mein Kampf*. Danach arbeitete er am Wiederaufbau seiner Partei, die in der 1929 beginnenden Depression zur Massenbewegung wurde. Nachdem er 1932 vergeblich gegen Hindenburg für das Reichspräsidentenamt kandidiert hatte, wurde er am 30. Januar 1933 von diesem zum Reichskanzler berufen. Innerhalb weniger Monate sicherte er sich durch gesetzliche und verfassungsändernde Maßnahmen diktatorische Macht und übernahm nach Hindenburgs Tod 1934 als «Führer und Reichskanzler» auch dessen Amt. Die Aufrüstung der Wehrmacht ab 1935 verminderte die Arbeitslosigkeit und erleichterte eine Reihe von außenpolitischen Erfolgen. Durch diese ermutigt, griff er im September 1939 Polen an in der Absicht, dem deutschen Volk im Osten «Lebensraum» zu verschaffen. Der hierdurch ausgelöste Zweite Weltkrieg trug ihm die Herrschaft über einen Großteil Europas ein. Er nutzte sie zu harten Unterdrückungsmaßnahmen und betrieb insbesondere gegenüber dem Judentum eine brutale Ausrottungspolitik. Seit 1942 mehrten sich die militärischen Rückschläge. Als sowjetische Truppen im Begriff waren, Berlin einzunehmen, beging er Selbstmord.

*Literatur:* Werner Maser, *Adolf Hitler* (16. Aufl. 1997). – Rainer Zitelmann, *Hitler* (4. Aufl. 1998). – Joachim Fest, *Hitler* (2. Aufl. 1999). – Ian Kershaw, *Hitler* (2 Bde., 1999–2000).

# Henry Ford

Amerikanischer Industrieller; geb. 30.7.1863 bei Dearborn (Michigan), gest. 7.4.1947 Dearborn (Michigan)

Henry Ford machte das Automobil für breite Volksschichten erschwinglich, indem er traditionelle industrielle Fertigungsmethoden revolutionierte. Es begann damit, daß er, eines von acht Kindern einer irischen Einwandererfamilie, sich auf deren Farm früh eine kleine Werkstatt einrichtete. Ab 1888 war er als Elektroingenieur bei der *Edison Illuminating Co.* in Detroit tätig und konstruierte in seiner Freizeit 1893 einen Einzylinder-Benzinmotor. Seinen ersten Motorwagen, den ein Zweizylindermotor antrieb, stellte er 1896 vor. Ab 1899 arbeitete er kurz mit anderen in der *Detroit Automobile Co.* zusammen und baute dann Rennwagen, bis er 1903 die *Ford Motor Co.* gründete. Von Anfang an auf den Erfolg billiger, aber solider Autos setzend, brachte die Firma 1908 ihr Model T («Tin Lizzie») heraus, dessen niedriger Preis und leichte Reparatur den Ausstoß von 19000 Wagen im Jahre 1910 auf 240000 im Jahre 1914 schnellen ließen. Damit produzierte Ford die Hälfte aller in den USA hergestellten Automobile. Stete Rationalisierung der Herstellung – 1913 führte er die Fließbandfertigung ein – reduzierte den Preis im gleichen Zeitraum von 850 auf 360 Dollar. Bis 1927 wurden 15 Millionen Wagen dieses Modells abgesetzt. Ford wagte einen weiteren Schritt, als er in der Rezession des Jahres 1914 den Durchschnittslohn von 2,34 Dollar pro Tag auf unerhörte 5 Dollar erhöhte, um die allgemeine Kaufkraft zu heben. Machten ihn solche Maßnahmen populär, so kämpfte er andererseits jahrzehntelang gegen die Gewerkschaften, die erst 1941 in seiner Firma zugelassen wurden. Hervorragender Ingenieur, der er war, hatte er doch stets Vorbehalte gegen modernistische Neuerungen. Er leitete seine Betriebe mit altväterlicher Strenge und hielt viel von Tradition und Folklore. 1936 gründete er die *Ford Foundation*, die nach seinem Tode die größte wohltätige Stiftung der Erde wurde.

*Literatur:* Keith Sward, *The Legend of Henry Ford* (New York, 1968). – Carol W. Gelderman, *Henry Ford* (New York, 1989).

# Mahatma Gandhi

Indischer Politiker; geb. 2.10.1869 Porbandar, gest. 30.1.1948 Neu-Delhi

Mohandas Gandhi, später «Mahatma» (Große Seele) genannt, inspirierte die großen Bewegungen des 20. Jahrhunderts gegen Kolonialismus, Rassismus und gewaltsame Konfliktlösung. Er entstammte einer tiefreligiösen Hindufamilie, deren Kaste Vegetarismus und Gewaltverzicht pflegte. Nach dem Jurastudium in London ging er 1893 zur Arbeitssuche nach Südafrika. Dort empörte ihn die gegen die zahlreichen Inder gerichtete Rassendiskriminierung. Seine natürliche Schüchternheit überwindend, wandelte er sich zum politischen Organisator und entwickelte unter dem Einfluß von Quäkerfreunden, der Lektüre Tolstojs und durch Rückbesinnung auf den Hinduismus seine Technik des gewaltfreien, Leiden akzeptierenden Protestes. 1914 kehrte er nach Indien zurück und löste dort 1920 die erste Kampagne des zivilen Ungehorsams aus. Er organisierte Massenbewegungen, so seit 1921 eine für häusliches Spinnen; 1930 propagierte er die Salzgewinnung gegen das britische Monopol. Häufig fastend und zum passiven Widerstand aufrufend, vielfach inhaftiert, war er ab den frühen 1920er Jahren die herausragende Gestalt der indischen Nationalbewegung. Im Zweiten Weltkrieg forderte er ab 1942 in der «Quit-India»-Bewegung das Ende der britischen Herrschaft. Als die Engländer Indien 1947 endlich verließen, geschah dies zu seinem Schmerz unter Abspaltung der muslimisch bewohnten Gebiete. Im nächsten Jahr ermordete ihn ein junger Hindufanatiker.

*Literatur:* Dietmar Rothermund, *Mahatma Gandhi* (2. Aufl. 1997). – Heimo Rau, *Mahatma Gandhi* (25. Aufl. 1998). – Vanamali Gunturu, *Mahatma Gandhi* (1999). – Volker Lange, *Mahatma Gandhi* (9. Aufl. 1999).

# Josef Stalin

Sowjetischer Politiker; geb. 21.12.1879 Gori, gest. 5.3.1953 Moskau

Zielbewußt, rücksichtslos und verschlagen, schwang sich Stalin (ursprünglich Jossif W. Dschugaschwili) zum Herrscher der Sowjetunion auf und machte nach dem Zweiten Weltkrieg den Vereinigten Staaten die Führung in der Welt streitig. Der Sohn eines georgischen Schuhmachers und einer Wäscherin war ab 1894 Zögling des Priesterseminars in Tiflis, das ihn aber 1899 wegen revolutionärer Aktivitäten ausschloß. Seit 1903 bei den Bolschewiki, wurde er mehrmals verhaftet und nach Sibirien verbannt. Seine Teilnahme an der Novemberrevolution 1917 war unbedeutend, doch diente er bis 1923 als Volkskommissar (Minister) für Nationalitätenfragen und brachte 1922 als Generalsekretär den Parteiapparat unter seine Kontrolle. Nach dem Tod ↑ Lenins 1924 manövrierte er seine Rivalen, darunter Leo Trotzkij, geschickt aus und verfügte ab etwa 1927 über diktatorische Gewalt. Diese nutzte er, um während der 1930er Jahre in großen «Säuberungen» alle potentiellen Gegner zu vernichten und mit größter Härte die Kollektivierung der Landwirtschaft sowie die Industrialisierung des Landes zu betreiben. Hitlers Überfall auf die Sowjetunion 1941 überraschte ihn, doch konnte er mit Hilfe der Westmächte die deutschen Streitkräfte allmählich zurückdrängen, schließlich Gebietsgewinne erzielen und ein System von Satellitenstaaten errichten. Als er auf dem Höhepunkt seiner Macht starb, hatte sein Schreckensregime Abermillionen von Menschen das Leben gekostet.

*Literatur:* Robert Payne, *Stalin* (5. Aufl. 1991). – Robert Conquest, *Stalin* (1993). – Isaac Deutscher, *Stalin* (1997). – Maximilien Rubel, *Josef W. Stalin* (9. Aufl. 2000).

# Albert Einstein

Physiker; geb. 14.3.1879 Ulm, gest. 18.4.1955 Princeton (New Jersey)

In der Schule in München zeigte Einstein, der später das naturwissenschaftliche Denken wie kein anderer seit Newton beeinflußte, nur mittelmäßige Begabung. Diese entfaltete sich erst,
nachdem er 1894 mit seinen Eltern in die Schweiz gezogen war,
während seines Physikstudiums in Zürich. Ab 1901 schweizeri-
scher Staatsbürger und seit 1902 beim Patentamt in Bern ange-
stellt, wurde er 1905 promoviert. Nachdem er 1911/12 als Professor in Zürich und Prag gelehrt hatte, rief man ihn 1914 als
hauptamtliches Mitglied an die Preußische Akademie der Wissenschaften nach Berlin, wo er gleichzeitig Direktor des Kaiser-
Wilhelm-Instituts für Physik wurde. In den folgenden Jahren
erreichte er den Höhepunkt seines Ruhmes. Er hatte bereits
1905 in seiner Speziellen Relativitätstheorie dargelegt, daß die
geometrische Struktur der Raum-Zeit-Mannigfaltigkeit unabhängig von der Materie ist und damit vom Beobachter abhän-
gig. Dieses die Newtonsche Sicht überwindende, neue Verständnis von Raum und Zeit hatte er weiter entwickelt zu seiner 1916 veröffentlichten Allgemeinen Relativitätstheorie, in
der er ein vierdimensionales Universum postulierte, mit der
Zeit als weiterer Dimension neben Länge, Breite und Tiefe. Daß
er den ihm 1921 verliehenen Nobelpreis für Physik nicht für
diese revolutionierenden Arbeiten erhielt, sondern für die Entdeckung eines von ihm ebenfalls 1905 vorgestellten photoelek-
trischen Gesetzes, demonstriert die Breite seiner physikalischen
Einsichten. Da er sich als Jude bedroht fühlte, emigrierte er
1933 in die USA, wo er seine Forschungen in Princeton (New
Jersey) weiterführte, ab 1940 als amerikanischer Bürger. 1939
warnte er Präsident Roosevelt vor möglichem deutschen Atom-
bombenbau. Anderen pazifistischen Bemühungen seinerseits
war jedoch kaum Erfolg beschieden.

*Literatur:* Ronald W. Clark, *Albert Einstein* (9. Aufl. 1991). – Stratis Kara-
manolis, *Albert Einstein für Anfänger* (6. Aufl. 1995). – Johannes Wickert,
*Albert Einstein* (20. Aufl. 1997). – Albrecht Fölsing, *Albert Einstein*
(2. Aufl. 2000).

# Winston Churchill

Britischer Politiker; geb. 30.11.1874 Blenheim Palace
(bei Woodstock, Oxfordshire), gest. 24.1.1965 London

Winston Spencer Churchill, Nachkomme des berühmten Herzogs von Marlborough, wurde in der Internatsschule Harrow und an der Militärakademie Sandhurst erzogen. Eigene Fähigkeit und seine Verbindungen zum britischen Establishment verhalfen ihm zu einer steilen Karriere. Erst Soldat und Kriegsberichterstatter, wurde er mit 25 Jahren konservatives Mitglied des Unterhauses. 1904 trat er zu den Liberalen über und wurde 1908 Handelsminister, 1910 Innenminister. Seit 1911 Erster Lord der Admiralität, zwang ihn nach Ausbruch des Ersten Weltkriegs die alliierte Niederlage an den Dardanellen 1915 zum Rücktritt. Ab 1917 leitete er, immer noch Liberaler, erneut verschiedene Ministerien, kehrte aber 1924 zu den Konservativen zurück und war von 1924 bis 1929 Schatzkanzler. Wegen seines Festhaltens am Britischen Empire und seines Widerstandes gegen die Appeasement-Politik erhielt er in den 1930er Jahren kein Regierungsamt. Nach der Niederlage Frankreichs im Zweiten Weltkrieg jedoch wurde er 1940 zum Premierminister ernannt und mobilisierte, nur «Blut, Mühsal, Tränen und Schweiß» versprechend, alle materiellen und moralischen Kraftreserven Großbritanniens. In Kooperation mit den USA und der Sowjetunion konnte er seine Nation schließlich 1945 zum Sieg führen. Hiernach wurde er aus dem Amt gewählt, regierte aber von 1951 bis 1955 nochmals als Premierminister. Für seine sechsbändige Geschichte des Zweiten Weltkriegs erhielt er 1953 den Nobelpreis für Literatur.

*Literatur:* John Charmley, *Churchill* (1997). – Sebastian Haffner, *Winston Churchill* (17. Aufl. 2001). – Christian Graf von Krockow, *Churchill* (2001).

# Konrad Adenauer

Politiker; geb. 5.1.1876 Köln, gest. 19.4.1967 Rhöndorf (bei Bonn)

Adenauer, der die Regierung der Bundesrepublik Deutschland
während ihres Wiederaufbaus nach dem Zweiten Weltkrieg
führte, war ursprünglich Kommunalpolitiker. Nach Jurastudium und Rechtsanwaltspraxis bekleidete er ab 1906 das Amt
eines Beigeordneten und ab 1917 das des Oberbürgermeisters
seiner Heimatstadt Köln. 1933 setzten ihn die Nationalsozia-
listen ab und inhaftierten ihn 1944 für einige Monate. Im Mai
1945 wurde er von der amerikanischen Besatzungsmacht wieder als Oberbürgermeister eingesetzt, doch die britische sah im
Oktober Anlaß, ihn wegen Unfähigkeit zu entlassen. Er beteiligte sich am Aufbau der CDU und war von 1950 bis 1966 ihr
Bundesvorsitzender. Zuvor schon hatte er als Präsident des Par-
lamentarischen Rates die Vorbereitungen zur Etablierung der
Bundesrepublik geleitet, deren erster Bundeskanzler er mit 73
Jahren 1949 wurde. In der Folgezeit stellte er mit zwei Grund-
satzentscheidungen die Weichen für die weitere Entwicklung
Deutschlands. Maßgeblich war für ihn die politische Anbin-
dung an den Westen, wobei sein zentrales Anliegen die Aussöhnung mit Frankreich war, die im Elysée-Vertrag 1963 ihren
Abschluß fand. Innenpolitisch unterstützte er die am Prinzip
der sozialen Marktwirtschaft ausgerichtete Politik Ludwig Er-
hards, welche, bei Eingliederung der Flüchtlinge und Vertriebe-
nen, das sogenannte «Wirtschaftswunder» bewirkte. Sein zielbewußter, alle verfassungsrechtlichen Vollmachten ausschöp-
fender Regierungsstil gewann ihm große politische Autorität im
In- und Ausland, gleichzeitig aber auch starke Gegnerschaft.
Als die CDU 1961 die absolute Mehrheit im Bundestag verlor,
mußte er in Koalitionsverhandlungen mit den Liberalen seine
Amtszeit auf weitere zwei Jahre begrenzen. Dementsprechend
trat er 1963 als Bundeskanzler zurück.

*Literatur:* Hans-Peter Schwarz, *Adenauer* (2 Bde., 1994). – Henning Köh-
ler, *Adenauer* (2 Bde., 1997). – Wilhelm von Sternburg, *Adenauer* (2001).
– Gösta von Uexküll, *Konrad Adenauer* (9. Aufl. 2001).

# Charles de Gaulle

Französischer Politiker; geb. 22.11.1890 Lille,
gest. 9.11.1970 Colombey-les-deux-Églises (Haute-Marne)

Frankreich wäre nach dem Zweiten Weltkrieg ohne De Gaulle vermutlich ins Chaos versunken. An der Militärakademie Saint-Cyr ausgebildet, stieg er als junger Offizier trotz seines ausgeprägten Selbstbewußtseins und eigenständiger Meinungen rasch in der Militärhierarchie empor. Zum Brigadegeneral ernannt, ging er im Anschluß an die französische Niederlage 1940 nach England, wo er sich als Haupt der französischen Widerstandsbewegung profilierte. Nach der alliierten Invasion in Nordafrika gelang es ihm, seinen Gegenspieler Henri Giraud auszuschalten. Von da an galt er als Chef der französischen Exilregierung. Das französische Parlament bestätigte ihn im November 1945 als Ministerpräsidenten und wählte ihn zum Staatsoberhaupt. Die von ihm 1947 gegründete Partei Rassemblement du Peuple Français (RPF) hatte allerdings nur zeitweilig Erfolg, und so zog er sich 1953 enttäuscht zurück. Nach dem von der Revolte Algeriens bewirkten Zusammenbruch der Vierten Republik wurde er jedoch erneut zum Staatspräsidenten gewählt, woraufhin er Algerien und andere Kolonien in die Unabhängigkeit entließ. Während er danach den Anschluß Großbritanniens an die Europäische Wirtschaftsgemeinschaft verhinderte und sein Land aus dem Militärverbund der NATO löste, betrieb er die französische Atomrüstung und die Aussöhnung mit der Bundesrepublik Deutschland. Als die Studentenrevolte 1968 seine Position erschütterte, verlangte er eine Verfassungsreform. Da diese in einem Referendum scheiterte, trat er 1969 zurück.

*Literatur:* Reinhard Rochus Kapferer, *Charles de Gaulle* (1985). – Ernst Weisenfeld, *Charles de Gaulle* (1990). – Peter Schunck, *Charles de Gaulle* (1998). – Thomas Nicklas, *Charles de Gaulle* (2000).

# Pablo (Ruiz y) Picasso

Spanischer Maler; geb. 25.10.1881 Málaga,
gest. 8.4.1973 Mougins (bei Cannes)

Picasso, der wohl bekannteste Maler des 20. Jahrhunderts, fertigte schon mit zehn Jahren erstaunlich kunstvolle Zeichnungen an und besuchte mit fünfzehn die Kunstschule in Barcelona. Von 1901 bis 1904 entwickelte er in der «blauen Periode» seinen ersten eigenständigen Stil mit schwermütigen, in Blautönen gehaltenen Figurenbildern von Armen und Benachteiligten. In der folgenden, mehr lebensbetonten «rosa Periode» bis 1906 bevorzugte er Zirkusmotive, fertigte aber auch Radierungen, Kupferstiche und die ersten Skulpturen. Das Erlebnis iberischer Plastik, primitiver afrikanischer Kunst und der Einfluß Paul Cézannes führten zu der Stilwende von 1907, die sich in dem Bild *Les Demoiselles d'Avignon* manifestierte. Dieses epochemachende Werk zersplitterte die bisher gültigen Formen und Farben und führte zeitgleich mit den Arbeiten des Franzosen Georges Braque zum Kubismus, den er bis etwa 1925 weiterentwickelte und perfektionierte. Auch danach blieb er äußerst produktiv und einfallsreich. Ein Höhepunkt der 1930er Jahre war das für die Weltausstellung in Paris 1937 geschaffene großformatige Gemälde *Guernica*. Picassos Beitritt zur Kommunistischen Partei 1944 und sein Plakat *Friedenstaube* (1949) waren Ausdruck eines wachsenden politischen Engagements. Seine eigentliche Bedeutung besteht jedoch darin, daß seine Kreativität der Kunst des 20. Jahrhunderts eine noch immer geltende Gestaltungsfreiheit verlieh.

*Literatur:* John Berger, *Glanz und Elend des Malers Pablo Picasso* (1994). – Carsten-Peter Warncke, *Pablo Picasso* (1998). – Wilfried Wiegand, *Pablo Picasso* (17. Aufl. 1998). – Hajo Düchting, *Pablo Picasso* (2001).

# Mao Tse-tung

Chinesischer Politiker; geb. 26.12.1893 Shaoshan (Provinz Hunan), gest. 9.9.1976 Peking

Der Einfluß von Mao Tse-tung (auch Mao Zedong), der sein Volk in den Kommunismus führte, ist auch heute noch ein maßgeblicher Faktor im volkreichsten Land der Erde. Der Sohn eines vermögenden Bauern besuchte ein Lehrerseminar und arbeitete dann als Hilfsbibliothekar in Peking, wo er die Werke von Karl ↑ Marx studierte. 1921 beteiligte er sich in Schanghai an der Gründung der Kommunistischen Partei Chinas. Als deren Zusammenarbeit mit der Kuo-min-tang, die seit dem Tod ↑ Sun Yat-sens von Chiang Kai-shek geführt wurde, 1927 zusammenbrach, organisierte Mao im zentralchinesischen Bergland eine revolutionäre Bauernbewegung und errichtete in der Provinz Jianxi eine Räterepublik. Unter dem Druck der Truppen der Kuo-min-tang führte er 1934/35 Zehntausende seiner Anhänger 12 000 Kilometer weit auf dem «Langen Marsch» in die nordwestliche Provinz Shaanxi. In den folgenden Jahren schrieb er seine wichtigsten theoretischen Werke über die Revolution und wurde der anerkannte Führer der Kommunisten. 1949 siegten seine Armeen über die nationalistischen Streitkräfte Chiang Kai-sheks, und Mao konnte in Peking die Volksrepublik China ausrufen. Ungeduldig die Entwicklung von Landwirtschaft und Industrie forcierend, verordnete er 1958 den «Großen Sprung nach vorn», der allerdings Hungersnöte auslöste und seinen Rücktritt als Staatsoberhaupt zur Folge hatte. Immer noch Parteivorsitzender, überwarf er sich 1962 mit der Sowjetunion und brachte zur Stärkung seiner Position als «Großer Steuermann» 1966 die auf die Dauer ebenfalls mißlingende Kulturrevolution in Gang. Obwohl vorerst der von ihm geförderte Kult seiner Person weitergeführt wurde, verbrachte er schließlich seine letzten Jahre in kranker Abgeschiedenheit. Nach seinem Tod wurden viele seiner radikalen Reformen abgemildert oder ganz zurückgenommen.

*Literatur:* Edgar Snow, *Roter Stern über China* (1986). – Thomas Heberer, Hg., *Mao Zedong* (1995). – Tilemann Grimm, *Mao Tse-Tung* (15. Aufl. 1998). – Ross Terrill, *Mao* (1981; Stanford, Calif., 1999).

# Charlie Chaplin

Britischer Filmschauspieler; geb. 16.4.1889 London,
gest. 25.12.1977 Corsier-sur-Vevey (Schweiz)

Kein Schauspieler der frühen Filmepoche hat seinen Ruhm wie Charlie (eigentlich Charles Spencer) Chaplin bis heute bewahren können. Sein komisches Genie und sein Talent für Pantomime machten und machen ihn zu einem der beliebtesten Unterhalter überhaupt. Seine Eltern waren Theaterleute, und er selbst trat mit 17 Jahren in eine Vaudeville-Truppe ein. Während einer Amerikatournee wurde er 1913 von dem Stummfilmpionier Mack Sennett entdeckt, für dessen *Keystone Co.* er schon im ersten Jahr in 35 Slapstickkomödien auftrat. Allmählich perfektionierte er seine eigene Rolle: der heruntergekommene Vagabund mit Melone und ausgebeulten Hosen, der durch die Tücke des Objekts oder die Bosheit der Mitmenschen unschuldig in Gefahr gerät, sich aber auf abenteuerlich-groteske Weise eben noch retten kann. 1919 gründete er zusammen mit Mary Pickford, Douglas Fairbanks und dem Regisseur D. W. Griffith die United Artists. Auf seinen ersten abendfüllenden Film *The Kid* (1921) folgten Welterfolge wie *Gold Rush* (1925), *City Lights* (1931, sein erster Tonfilm), *Modern Times* (1936) und *The Great Dictator* (1940). Als er sich 1952 in Europa aufhielt, verweigerte man ihm, der nie amerikanischer Staatsbürger geworden war, wegen unamerikanischer Haltung die Rückkehr in die USA. Er ließ sich mit seiner vierten Frau in der Schweiz nieder und drehte weiterhin Filme, doch blieb *Limelight* (1952) sein letzter Kassenerfolg.

*Literatur:* Joe Hembus, *Charlie Chaplin* (4. Aufl. 1989). – Wilfried Wiegand, Hg., *Über Chaplin* (1989). – David Robinson, *Chaplin* (1993). – Wolfram Tichy, *Charlie Chaplin* (8. Aufl. 1998).

# Michail Sergejewitsch Gorbatschow

Sowjetischer Politiker; geb. 2.3.1931 Priwolnoje (bei Stawropol)

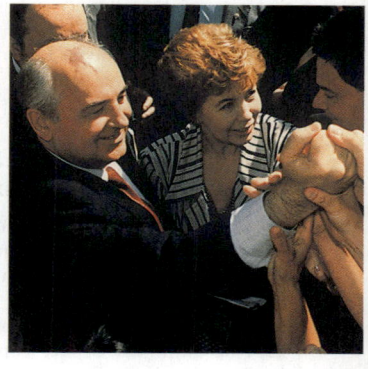

Gorbatschows Bemühungen, das politische System seines Landes zu demokratisieren und die Wirtschaft zu dezentralisieren, führten zum Ende des Kommunismus und zum Zerfall der Sowjetunion. Er hatte Jura studiert und eine steile Karriere durchlaufen. Schon 1971 Mitglied des Zentralkomitees der Kommunistischen Partei der Sowjetunion, stieg er 1980 zum Mitglied des Politbüros auf. Als er 1985 zum Generalsekretär des Zentralkomitees gewählt wurde, bedeutete dies einen Generationenwechsel an der Spitze der Partei. Die von ihm begonnene Reformpolitik des Glasnost, das heißt der Offenheit und Transparenz im öffentlichen Leben zur Bekämpfung von Mißwirtschaft und Korruption, und der Perestroika, das heißt des wirtschaftlichen und sozialen Umbaus, bezweckte eine grundlegende Erneuerung. Seine Außenpolitik zielte auf Entspannung besonders durch Beseitigung der atomaren Mittelstreckenraketen in Europa, durch den Rückzug der sowjetischen Truppen aus Afghanistan und durch seine Weigerung, mit Gewalt gegen die Ablösungsbestrebungen der Satellitenstaaten vorzugehen. Im Sommer 1990 gab er auch seine Zustimmung zur Wiederherstellung der Einheit Deutschlands und erhielt den Friedensnobelpreis. Seine Schritte führten allerdings zu inneren Spannungen, welche die Partei im Februar 1990 zwangen, auf ihr Machtmonopol zu verzichten. Nach einem Putschversuch 1991 wurde sie vollends aufgelöst. Gorbatschow, der seit 1990 Staatspräsident war, hatte inzwischen viel Einfluß verloren und trat Ende 1991 von diesem Amt zurück.

*Literatur:* Klaus Bednarz, *Michail Gorbatschow* (1990). – Gerd Ruge, *Michail Gorbatschow* (5. Aufl. 1990). – Gail Sheehy, *Gorbatschow* (1992).

# Bildlegenden

S. 9: Hammurabi stehend vor dem Gott Schamasch, Detail einer Gesetzesstele, um 1700 v. Chr.

S. 10: Ramses II., Statue im Säulenhof des Amun-Tempels, koloriertes Foto, um 1890.

S. 12: Dareios I. auf dem Thron, hinter ihm Kronprinz Xerxes, Relief, kurz vor 485 v. Chr.

S. 14: Konfuzius als Lehrer, chinesischer Holzschnitt, spätere Kolorierung.

S. 16: Platon, Marmorbüste nach einem griechischen Original.

S. 17: Alexander der Große, Ausschnitt aus einem römischen Mosaik nach einem Gemälde des 4. Jahrhunderts v. Chr.

S. 20: Gaius Julius Caesar, zeitgenössische Porträtbüste.

S. 21: Augustusstatue von Prima Porta, nach einem Original, um 20/17 v. Chr.

S. 23: Paulus (Apostel), Ikonenmalerei, 14. Jahrhundert.

S. 24: Konstantin der Große, Kopf einer Kolossalstatue, 330 n. Chr.

S. 27: Theoderich der Große, nach einer Zeichnung in der Handschrift von Cassiodors Variae.

S. 30: Karl der Große, Büstenreliqiar, 1349.

S. 31: Otto I. der Große, Skulptur um 1240.

S. 34: Dschingis Khan, persische Buchmalerei, 14. Jahrhundert.

S. 36: Thomas von Aquin, Gemälde von Justus van Gent, aus der Serie der Bildnisse berühmter Männer, Palazzo Ducale, Urbino, um 1476.

S. 38: Jeanne d'Arc, Buchillustration, um 1430.

S. 40: Lorenzo I. de' Medici, Porträt mit Stadtansicht von Florenz, florentinisches Gemälde, 16. Jahrhundert.

S. 42: Leonardo da Vinci, Selbstbildnis.

S. 44: Niccolò Machiavelli, Gemälde von Santi di Tito (1536–1606).

S. 47: Martin Luther auf der Kanzel, Predella eines Flügelaltars von Lucas Cranach d. Ä., um 1547–1552.

S. 49: Ignatius von Loyola, zeitgenössischer Kupferstich.

S. 50: *Kaiser Karl V. mit seiner Ulmer Dogge*, Ölgemälde von Jakob Seisenegger, 1532.

S. 52: Johannes Calvin, Kupferstich, 1562.

S. 53: Iwan IV. der Schreckliche, zeitgenössischer Holzschnitt.

S. 55: Elisabeth I., *Bildnis mit dem Hermelin*, Ölgemälde von Nicholas Hilliard (1547–1619).

S. 59: Oliver Cromwell, Kupferstich nach Joannes Meyssens (1612–1670).

S. 61: Ludwig XIV., Ölgemälde von Hyacinthe Rigaud (1659–1743).

S. 63: Sir Isaac Newton, nach einem Gemälde von Godfrey Kneller, 1702.

S. 66: Maria Theresia, Ölgemälde von Martin van Meytens d. Jüngeren (1695–1770).

S. 67: Friedrich II. der Große, auf einen Janustempel weisend, Ölgemälde von Johann H. C. Franke, 1763.

# Register

Das Register enthält nur die 101 Personen, die in diesem Buch beschrieben werden.
Kursive Seitenzahlen verweisen auf die jeweiligen Kurzbiographien.